아, 어머니 (金季先 1921-1998)

데리다의 《그라마톨-로지에 관하여》 해설

Derrida's *Of Grammatology*: A Commentary

김 보 현

부산대학교출판문화원

서문

《그라마톨로지에 관하여》(1967, 이하 《그라마톨로지》)가 데리다 해체를 이해하는 데 가장 기본적인 저서가 되는 이유는 최소한 네 가지다.

첫째, 데리다는 2,500년간 강고하게 지속되어 온 서구의 음성중심주의를 붕괴(해체)시킬 때, 그라마톨로지를 가장 강력한 지렛대로 사용했기 때문이다. 그러나 데리다는 그라마톨로지(문자학)를 자신의 해체에 이용하지만, 동시에 그라마톨-로지 역시 모든 서구 전통 담론(-로지 혹은 -학)처럼 이원구조에 터해 있기 때문에 해체한다. 데리다가 해체하는 모든 대상과의 관계처럼, 그라마톨-로지와 데리다 해체와의 관계 역시 이중적이다.

둘째, 데리다 해체는 이원구조 해체다. 데리다는 《그라마톨로지》에서 이원구조에 터한 소쉬르의 언어학, 루소의 사상, 그리고 레비스트로스의 인류학이 바로 폐쇄의 이원구조로 인해 자체적으로 이미 해체되어 있음을 드러낸다. 이 과정이 바로 데리다가 그의 전全 저서 약 90여 권에 걸쳐 해체 대상—서구 전통 인문학 담론들—을 달리하면서, 상이하게 되풀이한 이원구조 해체의 기본 과정인데, 이 과정이 그의 다른 저서들에 비해 《그라마톨로지》에서 비교적 선명하게 진행되고 있기 때문이다.

셋째, 데리다는 '해체는 차연'이라 했다. 이 '차연'을 데리다가 《그라마톨로지》에서 끊임없이 상이하게 반복하며 심도 있게 다루고 있어, 이 '차연'을 구체적으로 이해하면 데리다 해체를 정확하고 구체적으로 이해할 수 있기 때문이다. 물론 '차연'은 데리다의 다른 저서들에서도 끊임없이 다른 기표로 상이하게 반복된다. 이렇듯 차연=해체가 끊임없이 상이하게 반복되기 때문에 데리다 해체는 -론 혹은 -주의로 고정시킬 수 없는 많은 이유 중 하나다. 《그라마톨로지》에서 상이하게 반복되는 차연(해체, 해체적 글쓰기, 에크리튀르)을 이 해설서에서 ■로 표해 설명함으로써 후학들이 데리다 해체(차연)를 -론이나 -학으로 고정될 수 없다는 사실을 매우 구체적으로 확인할 수 있도록 했다.

넷째, 데리다 해체는 수없이 많은 개별 텍스트들에 대한 공시적·구조적 분석이 집적되면서, 결국 이것이 통시적·역사적 조망을 가능케 했기 때문에 '이중적'이다. 《그라마톨로지》에서도 데리다 해체 방식 역시 이중적(8/Lxxxix-xc)이다. 이러한 데리다 해체의 '이중적' 방식은 다양한 차원에서도 진행된다. 그러나 데리다의 다른 저서들에 비해, 《그라마톨로지》에서 이러한 '이중적' 방식을 확인하기가 상대적으로 다소 용이하기 때문에 《그라마톨로지》는 데리다 해체의 기본이 되는 저서다.

위의 이유들로 《그라마톨로지》 영문 번역판만 미국에서 50만 부 이상 팔렸다. 미국을 제외한 캐나다, 유럽, 북아프리카 그리고 아시아에서 팔린 원본과 번역본까지 감안하면, 《그라마톨로지》의 판매 부수는 이를 훨씬 상회할 것이다. 두껍고 딱딱하고 난해한 학술 저서로는 매우 이례적이다.

1부 음성(말)과 문자

1. 〈명구〉에서의 '명구'는 서구음성중심주의('태초에 말씀이 있었다')와 서구우월주의를 주장하는 말을 뜻한다. 이러한 서구의 '명구'들을 데리다는 해체하고, X로 지운다.
2. 〈그라마톨로지(문자학)의 개화사〉는 2,500년 동안 신학에 기반한 서구 음성중심주의가 그라마톨로지의 부상으로 그 터를 잃게 되는 과성에 대한 역사적 개요다.
3. 〈그라마톨로지〉는 그라마톨로지에 대한 이론적 설명이다.
4. 〈데리다 해체와 그라마톨–로지와의 이중 관계〉에서는 데리다는 서구 음성중심주의 언어관을 붕괴시킨 그라마톨로지를 자신의 해체에 가장 강력한 지렛대로 사용한다. 그러나 그라마톨–로지logy 역시 여전히 이원구조에 종속된 –로지 혹은 –학이기 때문에 해체한다. 이것이 데리다가 해체하는 이원구조에 터한 모든 서구 전통 담론들, 즉 모든 –론과 모든 –학과 가지는 이중 관계다.
5. 〈책의 종말과 에크리튀르écriture의 시작〉에 있는, 데리다가 말하는 '책'이란 모두 하나같이 이원구조에 터해 있으며, 이를 강화한 변증법을 통해 기원, 존재, 무한, 순수 정신 혹은 초월 등에 이른다고 주장하는 서구 전통 담론, 즉 모든 –론과 모든 –학을 뜻한다.

   '에크리튀르'는 '차연'(데리다의 해체)의 또 하나의 상이한 반복이다. 동시에 데리다가 '해체의 열쇠'라고 말한 다양한 '해체적 글쓰기'를 뜻한다. 즉 차연=해체=해체적 글쓰기이다. 데리다가 사용하는 중요 단어에는 한 가지 뜻만 있다고 생각해서는 데리다를 이해할 수 없다. 이런 이유로 차연은 흔히 간단하게 정의하는 '차이나다'와 '영원히 지연된다'는 두 가지 뜻으로만 국한되지 않는다. '차연'

은 해체이자 다양한 해체적 글쓰기이며, 다양한 층위에서의 '이중 전략'까지를 포괄하고 있는데, 바로 이것이 데리다가 2,500년의 서구 전통 담론, 즉 '책' 혹은 -론과 -학을 해체하는 '열쇠'다.

6. 〈이원구조는 신학이다〉에서는 플라톤과 아리스토텔레스가 사용한 이원구조를 스콜라 철학(신학)이 차용한 이래, 2,500년 동안 서구 전통 인문학의 뼈대가 된 역사적 배경을 초보 독자들을 위해 아주 간략하게 요약했다.
7. 〈이원구조의 폐쇄 궤도를 초과하는 방식〉에서는 해체가 이원구조의 폐쇄 궤도를 초과하기 위해서는 반드시 이원구조의 폐쇄 안에서 진행되어야 한다는 데리다가 강조한 사실을 설명했다. 이의 결과는 기존의 것의 초월이 아니라 초과다.
8. 〈인간이라는 이름〉은 이원구조에 터한 서구의 유사 초월론, 형이상학, 존재론, 그리고 신학은 추상 그 자체에 인간을 속복시킨 결과, 다양한 인간의 개별 이름을 삭제했다는 데리다의 주장을 요약한 것이다. 이를 위해, 데리다 해체는 정치, 경제, 사회의 복잡다기한 갈등이 발생하는 '지금', '여기'의 정치 및 사회 현장에서 역사를 만들어가는 다양한 욕망을 지닌 인간 회복을 도모한다. 이 점에서 데리다 해체는 니체의 생生철학Lebensphilosopie과 상통한다.

2부 소쉬르의 언어학과 레비스트로스의 인류학

1. 〈이원구조에 터한 소쉬르의 언어학이 드러내는 균열과 모순〉은 소쉬르의 언어관이 서구의 음성중심주의와 이원구조를 따른 결과,

이원구조에 터한 모든 서구 전통 담론들처럼 봉합될 수 없는 자체적 모순을 드러내며 자동해체되는 과정에 대한 요약이다.

2. 〈레비스트로스—루소의 유령〉에서는 레비스트로스가 루소의 유령인 듯, 루소의 사상을 그대로 복창한 사실을 지적했다.
3. 〈글쓰기 수업〉은 레비스트로스가 루소의 언어관을 그대로 따르며, 언어 탄생이 '순수한 말씀'(신학)에서 탄생된 것임을 증명하기 위해, 원주민에게 실시한 '글쓰기 수업'이 언어 탄생은 '순수한 말씀'이 아니라, 문자에서 비롯된 것임을 레비스트로스 스스로 깨단하는 레비스트로스 자신의 '글쓰기 수업'이 된 아이러니에 대한 설명이다.
4. 〈전문인 vs 아마추어〉는 수많은 서구 전통 인문학자들처럼 초기의 레비스트로스 역시 자신의 인류학 탐구를 위해 전문인 vs 아마추어의 이분법을 설정하고 그의 연구를 진행했으나, 결국 이분법은 자신의 인류학 탐구에 아무 소용이 없을 뿐만 아니라, 가능하지도 않다는 고백에 대한 요약이다.

3부 루소의 시대

1. 〈루소의 모순—맹목에서 대체로 구성된 루소의 삶〉에서는 루소는 '(순수) 자연으로 돌아가라'는 선언으로 유명하지만, 루소의 성性생활은 루소가 순수 자연과 대조시킨 '위험한 대체(수음)'로, 그리고 작가 루소는 자신이 순수한 말의 타락과 대체로 규정했던 '문자'로 탄생되는 아이러니를 지적했다.
2. 〈루소 교육론의 모순〉은 이원구조에 터한 루소의 교육론 역시 자체적 모순으로 자동해체되는 과정에 대한 설명이다.

3. 〈루소가 사용한 이원구조들, 그리고 이의 모순〉은 루소가 의지한 이원구조의 자체적 모순으로 루소 담론들이 자동해체되는 과정을 요약한 것이다.

4부 루소의 《언어 기원론》

1. 〈《언어 기원론》의 생성과 구조가 드러내는 모순〉은 35쪽에 불과한 루소의 《언어 기원론》을 데리다가 약 200쪽에 걸쳐 해체한 것을 요약한 것이다. 루소는 문자가 언어의 기원임을 알고 있었으나, 음성 중심주의('태초의 말씀')를 고수한 결과, 루소의 담론은 자체적 모순으로 자동해체된다.
2. 〈이원구조 폐쇄 속의 제자리 맴돌기〉는 루소가 자신의 담론을 폐쇄의 이원구조(허구)에 의지한 결과, 그가 찾고자 했던 순수 기원은 종말과 만나는 '제자리 맴돌기'에 대한 설명이다. 이 '제자리 맴돌기'는 이원구조에 터한 모든 서구 전통 담론들, 즉 유사 초월론, 기원론, 목적론, 고고학, 귀향론, 회귀론 등 다양한 별호를 가진 유령론이 드러내는 증상이다.
3. 〈숨〉에서는 '숨'은 신탁주의자들에 의해 장구한 세월 동안 초월자의 것으로 간주되었는데, 이러한 신학적 전제가 루소 담론에도 깊이 박혀 있었기 때문에, 자신이 스스로 발견한 언어에 대한 통찰을 막는 과정을 설명했다.
4. 〈침묵 속에서 손가락 돌리기〉는 루소 역시 수많은 서구 전통 신학자들처럼 신이 침묵 속에서 손가락을 돌려 언어가 탄생했다는 신탁주의를 믿었음을 지적한 것이다.

5. 〈글자의 전회, 수사 돌리기, 속임수〉는 변증법은 정正과 반反에서 반을 제거하면 정신(순수, 목소리)으로 지양된다고 했으나, 루소 담론이 드러내듯 이는 폐쇄의 이원구조 안에서 수사의 이동 혹은 수사 돌리기tour에 불과하기 때문에 변증법은 속임수tour라는 데리다의 주장을 요약한 것이다.

■는 《그라마톨로지》 전편에 걸쳐 상이하게 반복된 '차연'들을 표시한 것이나. 계속해서 상이하게 반복되는 수없이 많은 '차연'들은 마치 운무처럼 《그라마톨로지》를 뒤덮고 있어, 이것들을 선명하게 인지하기가 쉽지 않다. 그래서 ■로 표하고, 이의 콘텍스트와 연결시켜 간략하게 설명함으로써, 후학들이 상이한 차연들을 쉽게 파악할 수 있도록 했다.

☸는 《그라마톨로지》에서 데리다가 이원구조에 터한 서구 전통 인문학 담론들이 자동해체되는 원인과 결과를 압축한 말과 용어들을 표시한 것이다. 이것들만이라도 후학들이 명확하게 이해하고 기억한다면, 치밀하기 이를 데 없는 데리다의 논의과정('방사선 검사')과 함께 진행되는 언어유희(철자변치) 때문에 꿰뚫을 수 없는 거대한 숲속 같은 《그라마톨로지》의 전체 요지를 쉽고 정확하게 이해할 수 있을 것이다.

보론—《그라마톨로지》에 대한 한국 학자들의 오독들

한국에서 오랫동안 양산되어온《그라마톨로지》에 대해 많은 오독들이 왜 오독인가에 대해 한국 서구인문학계 중심에 있는 한국학자의 논문에 근거해 매우 구체적으로 지적했다. 데리다 해체는 서구의 우월주의, 서구의 이성중심주의, 서구의 신학을 보호하고 지속시키는 서구의 모든 -학, -론, -사상, -철학까지를 이중 전략과 다양한 해체적 글쓰기 방법으로 해체하는 것이다. 그러므로 데리다 해체는 어떤 고정된 입장이나 선언이 아니다. 데리다 해체를 고정시키려는 의도와 시도는 근거 없음을 〈보론〉에서 매우 구체적으로 보게 될 것이다.

데리다의 해체적 글쓰기 자체가 우리가 오랫동안 훈련받아온 기승전결의 일직선적 논리를 해체하기 위해 무순서인 동시에 상이한 반복의 연속이다. 이 해설서도 그러하다. 그러나 상이한 반복은 결코 시간 낭비가 아니라, 가장 효과적인 학습 방법이라는, 이 지극히 평범한 상식을 후학들도 이 해설서를 끝까지 읽고 난 후 깨닫게 되었으면 한다. 흔히들 데리다 해체가 난해하다고 하는데, 이는 거의 무한대로 펼쳐지는 데리다의 언어유희 즉 '말의 곡예', 그리고 철학에만 국한되지 않고 인문학 전 분야, 정신분석학, 미학 그리고 정치학까지를 종횡무진 횡단하면서, 소위 '방사선 검사'로 서구 전통 담론의 심부를 들추어 내는 방식how 때문이다. 그러나 사실 데리다가 주장하는 것what은 놀랍게도 우리 한국인들도 이미 다 알고 있는 상식에 속한다. 그렇다. '태양 아래 새 것은 없다!' 그래서 필자는 이 책 '주' 여러 곳에서 데리다가 주장하는 것은 이미 우리 한국인들이 다 알고 있는 상식임을 환기시키며, 우리말과 우리 식으로 표현, 설명했다. 이는 후학들이 데리다 해체를 이해하는 데 필연코 걸림돌이 되는 수없이 많은 서구 인문학의 생경한 표현 방식과 용어 때문에 도중하차하는 것을 막기 위해서다.

그럼에도 이 해설서 본문에는 데리다가 사용하는 서구인문학 용어들이 많이 들어가 있다. 이는 서구인문학을 하려면 상용되는 서구인문학 용어들을 종내는 알아야 하기 때문이다. 이것들을 모르고 서구인문학을 하겠다는 것은 농부가 아무런 농기구 없이 농사를 짓겠다는 것과 다르지 않다. 또한 데리다의 언어유희도 '주'에서 가끔씩 소개되었다. 데리다의 언어유희는 단순히 순간적 재치가 아니라, 자신이 진행시킨 꼼꼼한 분석('방사선 검사')과 증거를 통해 얻어낸 결과를 다시 강화하기 위한 것이어서, 데리다 논의(논쟁)의 일부이기 때문이다.

후학들은 한국인인 우리가 데리다를 읽어야하는 이유가 궁금할 것이다. 이유는 최소한 세 가지다. 첫째, 데리다 해체를 충실히 읽으면 2,500년의 서구인문학사에 대한 정확한 조감도를 얻을 수 있기 때문이다. 서구인문학도들에게 이보다 더 큰 보상이 있을까? 둘째, 데리다는 서구가 눈이 부실 정도로 휘황찬란한 휘장으로 감추어온 2,500년의 서구 인문학사의 심부를 우리에게 열어 보이는 유일한 서구 인문학자이기 때문이다. 셋째, 데리다는 '일본이 한국에 한 사과는 사과가 아니'라고 말한 유일한 서구 인문학자이기 때문이다. 이 세 가지를 한꺼번에 다, 그리고 동시에 했던 서구 인문학자는 과거에도 없었고, 현재에도 없고, 앞으로도 없을 것이다. 후학들은 이 해설서를 읽으면서, 우리가 서구인문학을 공부해야 하는 목적에 대해 곰곰이 숙고해주기 바란다. 서구인문학 용어 몇 개를 입에 올리는 것이 서구 인문학을 공부하는 우리의 목적은 될 수 없지 않는가? 필자는 데리다 해체를 우리의 현실을 비추어 보는 또 하나의 거울로 사용했다. 우리의 현실을 다른 각도에서 반추하고 실천하기 위해서다. 이런 이유로 필자는 빈번히 '주'에서 한국의 현실과 데리다 해체를 연결시켜 언급했다. 이 해설서를 통해 후학들이 데리다 해체를 정확하게 이해하고, 데리다 해체를 통해 한국의 구체적인 현상들과 문제점들을 숙고, 더 나아가 구체적인 행동까지 한다면, 필자에게는 이 보다 더 큰 보상은 없을 것이다.

끝으로 많이 부족한 원고를 책으로 출판해주신 부산대학교 출판문화원과 출판과정에서 수고 많이 하신 김효정님과 여러분에게 진심으로 감사드린다.

청사포 등대 두 개가 가까이 보이는 서재에서

2023년 7월

甫如 金保賢

| 일러두기 |

1. Jacques Derrida, *De la grammatologie,* Paris: Les Editions de Minuit, 1967/*Of Grammatology*. Tr. Gayatri Spivak, Baltimore: The Johns Hopkins University Press, 1976. 이 책은 본문에서 매우 빈번히 인용되기 때문에 저자명 및 서명은 생략하고, 쪽수만을 괄호에 넣어 다음과 같이 표기했다: (37/24). 사선 앞 숫자는 프랑스어 판 쪽수, 사선 뒤 숫자는 영문판 쪽수다.
2. 별도의 언급이 없는 강조의 밑줄은 모두 필자의 것이다.
3. (이 책 67)은 이 책 67쪽을 참고하라는 뜻이다.
4. 본문에서 인용된 괄호 속 책의 원 책명, 저자, 출판사명 그리고 출판연도는 모두 〈인용문헌〉에서 확인할 수 있다.

차례

2부 소쉬르의 언어학과 레비스트로스의 인류학 83

3부 루소의 시대 115

4부 루소의《언어 기원론》 129

보론—《그라마톨로지》에 대한 한국 학자들의 오독들 157

1부 음성과 문자

《그라마톨로지》에는 '서구의 음성중심주의'라는 말이 끊임없이 나온다. 이는 '태초에 말씀이 있었다'(〈요한복음〉 1장 1절)가 함의하는 것으로, 2,500년 동안 서구 전통 인문학 담론 모두가 떠받치고 있는 것이다. 그러므로 서구 전통 인문학 담론에서 음성중심주의의 '음성'은 단순히 사람의 음성만을 뜻하는 것이 아니다.[1] 이런 이유로 2,500년 동안 서구철학사에서 '순수한 음성'은 신의 말씀, 이데아, 이념, 중심, 현전, 존재, 절대정신, 현상학적 목소리, 초월적 기의 등으로 끊임

---

1 '말씀'은 단순히 말로만 국한되지 않는다. '말씀'은 서구가 가장 중히 여기는 것을 아우르고 있다. 헤라클레이토스Heraclitus(서기전 500년 경?)는 이를 이성, 진리, 존재라 했다. 플라톤은 이데아로, 그 이후 헤겔은 절대정신, 절대 이성, 절대 원칙, 절대 논리logos/-론-logy로, 그리고 하이데거는 존재로 규정했다. 《예수성교전서》(1887)을 보면 '도道'로 번역되었다. 주자朱子는 아마도 이理로 번역했을 것이다. 서구가 말하는 '말씀'은 가장 최초이자 가장 최후의 영원한 그 무엇, 우주의 원리인데, 서구 철학사에서 무수히 다른 말로 상이하게 반복되었다. 이렇듯 '상이하게 반복'되는 것이 언어 본연의 속성이다. 데리다가 중요한 단어를 끊임없이 상이하게 반복하는 것은 이러한 본연의 언어의 속성을 훨씬 더 도드라지게 드러내어 조명하기 위한 것이다. 그렇다면 왜 언어는 상이하게 반복하는가? 언어(기표)는 표현(기의)하고자 하는 것들을 모두 죽이는 '폭력'이 되기 때문이다. 이에 관해 이 책 75-76 주 15에서 아주 구체적으로 길게 설명된다.

없이 대체, 반복되었다. 이러한 서구 음성중심주의는 문자를 순수한 '말'을 해치는 죄로 간주, 온갖 오명을 뒤집어씌워 제거하려 했다. 이는 '신의 말씀'과 신학을 보호하기 위해서였다.

1. 명구

아래 인용들은 서구의 신관神觀 혹은 신학주의에 기반한 것으로 서구의 음성중심주의 혹은 서구의 우월주의를 드러내는 말로 서구에서는 오랫동안 당연히 명구名句exergue로 간주되어 왔다.

① 그림문자는 원시 민족에게, 기호는 야만 민족에게, 그리고 알파벳은 문명화된 민족에게 합당하다(루소《언어 기원론》).
② 알파벳 글자는 그 자체로 가장 이성적이다(헤겔《백과사전》). (11/35)

위의 말은 서구의 알파벳 글자가 가장 우수하다는 서구중심주의, 서구우월주의, 서구제국주의, 그리고 서구의 왕국을 선언하는 '명구'다. 그러나 데리다는 위의 '명구'들을 X로 지워 해체한다. 왜냐하면 모든 언어의 의미를 가능케 하는 것은 '태초에 말씀'(음성)이 아니라, 그라마톨로지가 밝힌 대로 인간의 현실적 필요에 따라 만든 자의적 문자 체계와 문법이기 때문이다(이 책 44-46).

그런데 데리다는 프랑스어 명구exergue의 또 다른 의미는 명구와 상반되는 주변exergue임을 지적한다.[2] 이는 서구 알파벳 언어, 혹은 음성

---

2 동음어, 유사음어를 이용하는 데리다의 철자변치 혹은 언어유희palindrome·paronomasia는 단순히 순간적 재치가 아니라, 자신이 '방사선 검사'를 거쳐 도출해낸 논리적 결과를 한 번 더 강화하기 위한 것이다. 이렇듯 데리다가 글자 하나하나에 천착하고 중시하는

언어 역시 그라마톨로지가 밝힌 대로, 음성언어든 문자언어든 모두 문법 체계가 언어의 의미를 생성하기 때문에, 서구의 음성언어는 서구인들이 주변적 언어라고 폄하한 여타의 다른 언어와 다를 바 없다(440/312)는 뜻이다. 그러나 사실인즉, 그들은 자신들의 음성언어 역시 여타의 다른 언어와 동일하다는 것을 내심 알고 있었다.

목소리에 충실한 하인이 되면서 문자보다 목소리를 선호한다. [그러나] 알파벳은 가장 합리적이고 가장 정확하고, 더 명확하고 더 명증하기 때문에 가장 완벽한 검사와 질서에 복종한다. 이 결과 알파벳 언어는 다른 언어에 비해 가장 최소한의 비용으로, 그리고 가장 효율적으로 … 현존과 타자를 지워버린다. … 그들은 이 사실을 몹시 두려워한다. (426/301)

그러므로 서구인들이 자신들의 음성언어에 대해 지니고 있었던 우월감은 언제라도 무너질 수 있는 것이었다. 그럼에도 불구하고 음성중심주의는 2,500년간 자체적 모순을 감춘 채 지속되었다. 그러나 20세기에 들어와 서구의 문인들과 철학자들은 그들의 음성언어(말)가 드러낸다고 믿었던 현존, 존재 혹은 무의식을 드러내지 못한다는 사실을 자명하게 인식했고, 이에 따른 불안과 좌절은 감당하기 어려운 것이었다.

2. 그라마톨로지(문자학)의 개화사

서구의 맹목적이고 근거 없는 형이상학적 혹은 사변적 철학의 편

것을 유대전통의 영향으로 필자는 설명한 적이 있다(《데리다와 문학》 36-38). 구조주의가 후기 구조주의로 전회한 것 역시 구조주의의 차이difference의 e가 사실은 차연differance의 a임을 데리다가 밝혔기 때문이다. 지극히 미소해 보이는 이런 철자의 차이가 엄청난 결과인 '해체적 전회'를 가져온 것이다. 우리는 이런 것을 두고 "'어" 다르고 "아" 다르다'고 하지 않는가.

견과 몰이해, 그리고 이데올로기적 우월의식이 낳은 환각과 미망인 서구의 음성중심주의는 20세기까지 강고하게 그 자리를 잡고 있었다. 이는 신학을 보호하기 위해서였다. 드 비즈네르Blaise de Vigenère는 헤브루 문자는 가장 오래된 글자로, 신의 손가락으로 쓰였다고 주장했다(110-111/75-76). 《성경》은 문자가 아니라 '태초에 말씀이 있었다'고 했다. 이러한 두 가지 신탁주의를 배제하는 그라마톨로지는 당연히 위험천만한 접근이었기 때문에, 서구의 긴 역사에서 존재할 수 없었다(13/4). 그럼에도 불구하고 18세기에 부상한 보편언어에 대한 관심으로 인해 그라마톨로지가 발아되었다. 그러나 장구한 세월 동안 지속되어 온 신탁주의와 음성중심주의에 의해 그 싹이 잘렸다. 그라마톨로지가 급부상한 것은 20세기에 들어와서다. 데리다는 자신은 '역사가'이고 《그라마톨로지》는 '역사책'이라 했다. 아래는 그라마톨로지가 어렵사리 개화되는 아주 짧은 역사적 개괄이다.

(1) 플라톤과 아리스토텔레스

플라톤은 《파이드로스》에서 타락하지 않은 글자 vs 타락한 글자로 대조시키고, 타락하지 않은 글자, 즉 살아 있는 글자는 기억, 말, 영원한 진리, 순수한 음성(목소리), 현존 혹은 기의를 드러낸다고 했다. 타락하지 않은 글자는 이렇듯 살아 있는 기억과 영원한 진리를 일깨우지만, 동시에 망각하게 한다고도 했다. 이것은 이미 모순이다. 이 뿐만이 아니다. 플라톤은 글자가 어떻게 살아 있는 기억과 말을 일깨우는가에 대해서는 끝내 증명하지 못했다. 이분법으로 풀리지 않았던 모순을 지닌 플라톤 철학을 그대로 이어받은 서구 전통 인문학 담론에는 이분법에 따른 모순이 2,500년 동안 그대로 내재하고 있었다.

아리스토텔레스는 구체적 설명 없이 음성언어는 정신의 상징이며,

글자는 음성보다 열등한 것으로 음성글자의 상징이라고 했다(24/13). 음성언어는 정신적 경험을 의미한다고 주장했으나, 동시에 문자가 음성언어의 전통을 만든다는 모순되는 말도 했다. 이렇듯 음성(말)이 기원과 진리로 연결된다는 주장과 함께, 문자가 음성의 역할을 한다는 모순은 2,500년 서구 전통 인문학사에서 내내 지속되었으나 억압되었고 감추어졌다.

① G. H. V. 슈베르트: '언어와 이미지[그림글자, 상형문자]는 위대한 신의 예지다.'

위 말은 문자를 우선시하며, 신탁주의를 고수한다.

② J.-J. 루소: '현존은 목소리를 강화하고, 천재가 쓴 책에서 천재성을 확인하는 것은 천재의 초상화와 같다.', '《성경》은 가장 숭엄한 책이다. 그러나 책에 불과할 뿐이다.'

슈베르트의 말과 루소의 말은 서로 모순된다. 슈베르트는 문자가, 루소는 목소리가 현존을 강화한다고 했기 때문이다. 그런데 루소는 루소 자신의 말에 모순되는 말을 했다. 목소리가 현존을 강화하지만, 천재성은 말이 아니라 문자와 같은 초상화에서 드러난다고 했기 때문이다. 또한 《성경》은 숭엄한 책이지만, 책에 불과하다고 했다. 우리는 이러한 루소의 광적狂的 모순에 대해 보다 구체적으로 논할 것이다(이 책 3부와 4부).

처음부터 심각한 모순을 배태하고 있었던 서구의 강고한 형이상학적 음성중심주의 언어관은 그러나 뉴턴과 같은 걸출한 과학자의 탐구와 발견의 결과로 인해 흔들렸다. 17-18세기 시대정신이었던 이신론理神論Deism의 신은 이성과 무한을 뜻했다. 역사적으로 무위無爲의 도道를 구한다는 문화에 익숙한 한국인들로서는 쉽게 이해되지 않는 말이지만, 서구인들은 이 신은 기하학(형식)을 통해 드러난다고 전제했고, 기하학주의는 신비주의와도 통한다고 믿고 주장했다. 이는 서구인들이 자신들의 눈으로 확인할 수 있는 기하학을 통해 신비와 무한까지를 포착하겠다는, 우리 문화로 보면 이해하기 어려운 발상이지만, 다른 한편으로는 자신들의 논리로 이해할 수 있는 추상적 형식과 도식으로 신비까지도 포착하려 했던 도전이며, 이것이 서구가 동양보다 훨씬 먼저 현상과 경험적 세계를 점령하고 지배한 근원적 이유라고 필자는 생각한다. 우리 문화로는 이해하기 어려운, 이러한 17-18세기 기하학주의라는 시대정신에 따라 가장 수학적이고 혹은 가장 기하학적인 언어를 보편언어로 상정하면서, 이에 대한 연구가 활발해졌다. 이 결과의 하나로 성직자 윌킨스John Wilkins는 《순수 실제 속성과 철학적 언어에 관한 에세이》(1668)를 남겼고, 이는 당대 석학들로부터 많은 관심을 끌었다.

(2) 데카르트

메르센P. Marin Mersenne(1588-1648)은 데카르트René Descartes(1596-1650)에게 보낸 편지에서 보편언어를 위한 명제를 제시했다. 읽는 방식이 나라마다 다른 구어로는 보편언어가 불가능하지만, 각기 다른 나라들의 각기 다른 문자를 동일한 상징으로 통일하고 이의 보편 문법을 만들면 보편언어가 가능하다고 했다. 더 나아가 이러한 보편언어가 신비와 계시를 드러낸다고 했다. 이것은 절대 모순이다. 왜냐하면 데카르트의 이러한 주장은 음성중심주의의 핵이 되는 '태초에 말씀', '계시' 혹은 '절대 진리'가 보편문자를 통해 드러난다고 주장한 것이기 때문에 음성중심주의와 즉각 상충하기 때문이다.

데리다는 보편언어에 대한 이러한 데카르트의 주장(모순)은 단순한 아이러니를 넘어 '심오한 아이러니'라 했다(114/77). 자신도 모르게 보편언어를 인정한 데카르트의 순간적이며 부지불식간의 통찰이 더 진행되었더라면, 모든 것을 다 의심해도 의심하는 '나는 존재한다'는 사실을 근거로 모든 인식의 최기저이자 토대가 된 '나'라는 고유한 존재는 보편언어에 의해 사라진다는 것을 데카르트는 깨달았을 것이고, 이 결과 나(주체)에 기초한 데카르트 철학의 대명제는 무너졌을 것이기 때문이다. 왜냐하면 문법 체계로 최후에 완성된 보편언어(문자)는 결과적으로 데카르트가 전제한 신비와 계시, 개별 인간, 시간과 역사, 인간의 상상력, 그래서 인간의 이름까지 배제된 추상의 공空과 무無를 산출하기 때문이다.

(3) 라이프니츠

라이프니츠G. W. Leibniz(1646-1716)의 이신론Deism(이성Reason=신God)은 기계적, 합리적 그리고 분석적이있다. 그가 주장한 보편언어는 수학, 계산, 기하학이 사용하는 추상적 기호다. 결과적으로 보면, 데카르트가 말한 직관과 계시를 통한 신비주의도 보편언어로 드러나고, 라이프니츠가 말한 기계적·분석적 합리주의도 보편언어로 드러난다는 말이다. 이미 이것은 모순이다. 신비주의와 기하학은 절대적으로 다르기 때문이다. 그럼에도 불구하고 서구철학은 오랫동안 이 둘이 동일하다고 주장하면서, 이러한 모순을 모른 체하거나 억압했다. 이를 두고 데리다는 '공모'(120/80, 400/283)라 했다.

라이프니츠는 보편언어에 대한 자신의 주장이 데카르트의 것보다 더 우수하다는 사실을 인정받기 위해, 1668년 엘리자베스 공주에게 보낸 편지에서, 중국 한자(문자)가 알파벳보다 이상성(순수성, 보편성)을 더 잘 드러내는 우수한 언어라고 주장했으며(113-120/76-81), 부베Bouvet 신부에게 보낸 편지(1703)에서는 중국한자는 소리, 숨, 개념 그리고 역사까지를 완전히 잘라내기 때문에, 서구의 음성알파벳 철자보다 더 철학적 언어라고 주장했다.

라이프니츠는 서구 형이상학이 전제하는 순수 절대와 투명 언어(119/80)를 동일시했기 때문에 중국 한자가 음성 알파벳 언어보다 더 철학적이고 더 보편적이라 믿었고, 중국 한자를 일종의 청사진으로 사용, 보편언어를 만들어야 한다고 주장했다. 라이프니츠는 이러한 서구의 꿈이자 미망의 산물인 에피스테메와 보편 언어의 특징은 철학자들이 지니지 못한 객관성을 가질 것이라 전제했다. 그러나 서구가 무한주의를 위한 보편성에 근거한다고 주장하는 객관성, 합리성, 그리고 인식소는 존재하지 않는다. 보편성 자체가 경험적 힘의 독점이고 결정이기 때문이다. 쉽게 말하면, 서구의 보편성이 보편성으로 세계에 확산되는 이유는 서구가 지니고 있는 정치 및 경제의 실질적 힘에 의해 가능해진 것이기 때문이다. 또 다른 이유는 보편성 vs 개별성의 대조는 폐쇄된 이원구조 안의 짝 개념이어서, 둘은 동일하기 때문이다(이 책 55-62 ❁ 〈내부=외부〉).

라이프니츠는 인간의 지식이 증가할수록 보편언어와 이에 따른 이성적 사고도 증가할 수 있다고 했다. 그는 음성이 아니라, '글자가 대상을 대신할 수 있다'고 믿었다(114-115/78). 그는 이런 보편언어는 '활동이 왕성한 상상력이 이성적 사고를 방해하지 못하도록, 아주 적은 비용으로, 효율적으로, 그리고 가장 손쉽게 상상력을 가라앉힐 desembarrasser·ease 수 있을 것'(116/78)이라 했다. 더 나아가 이러한 보편언어는 유한적 사물의 근저에 존재하고 스스로 활동하는, 그가 존재한다고 주장한 단자單子monade와 이신理神Deist까지 드러낸다고 주장했다. 데리다는 이를 '환각' 혹은 '환상'이라 했다.

이렇듯 17-18세기 합리주의, 기술주의, 수학주의, 기하학주의, 그리고 이신론은 경험적 세계와 인간의 역사를 완전히 삭제한 상태가 순수 이성이며 무한이라고 전제했다. 이렇게 해서 '서구의 환상 혹은 미망'은 즉각 무한주의(118/79)와 직결된다. 바로 이런 이유로 라이프니츠가 음성을 문자로 대체한 것 역시 여전히 신학, 신탁주의 혹은 로고스중심주의를 위해서였다. 데리다는 이원적 대립인 정(음성)과 반(문자)에서 어느 한쪽이 무한과 연결된다고 주장하는 것은 여전히 현존에 대한 환상이라 했다(32/19, 444/315). 라이프니츠가 음성('태초의 말씀')이 아니라, 문자가 순수 절대 이성(진리)과 연결된다고 주장했기 때문에, 로고스중심주의에 대한 비판, 수정, 혹은 침범인 것 같지만, 사실은 이를 강화한 것(117/78)이다. 다시 설명하면, 중국 한자가 알파벳 음성언어보다 로고스를 더 잘 드러낸다고 주장했기 때문에 '라이프니츠는 서구에서 중국인처럼 불온분자로 간주되었으나'(41/26), 데리다는 라이프니츠 주장 역시 로고스중심주의로 음성중심주의와는 다른 형태의 '유럽 혹은 서구의 환청, 혹은 환상'이라 평가한다. 왜냐하면 문자가 서구가 제1의 가치로 추구하는 절대 순수 이성과 연결된다고 주장했기 때문이다.

물론 중국 한자에 대한 라이프니치의 근거 없는 환상에 대한 반론이 있었다. 프레레Nicolas Fréret는 '중국 한자는 철학적 요소가 전적으로 배제된 언어'라고 평가절하 했다. 그러나 고대 문자에 대한 서구학자들의 환상은 여전했다. 드 비즈네르Blaise de Vigenère는 《글쓰기 암호와 비밀서법에 관한 개론》(1586)에서 헤브루 글자가 문자 중 가장 오래되었으며, 신神이 손가락으로 쓴 것이라 주장했다. 키르허Athanasius

Kircher(1601-1680) 신부는 중국 한자가 아니라, 이집트 상형문자가 가장 숭엄하고 가장 추상적이며, 그래서 가장 고유한 상징과 연결되기 때문에 보편언어라고 주장했다. 그는 이집트 상형문자야말로 학자들을 복잡하고 어려운 이성적 사고思考로 유도하고, 자연의 가슴에 숨겨진 신성의 신비한 표지標指insignia로 지양止揚Aufhebung시킨다고 주장했다(119/80). 그런가 하면 최초로 이집트 상형문자를 해독한 샹폴리옹Jean François Champollion(1790-1832)은 《상형문자 체계의 개요》(1824)를 남겼다. 그러나 중국 한자를 포함, 모든 고대 문자에 대한 서구 학자들의 칭송은 자신들의 신탁주의에 따른 신비주의적 접근이었다. 이는 그들의 신학을 강화하기 위한 것으로 모든 신비주의가 그러하듯 과학적 접근을 막아버렸고, 이런 이유로 여전히 '인식론적 장애'가 되었다고 데리다는 평가했다.

(4) 헤겔

헤겔G. W. F. Hegel(1770-1831)은 《엔치클로페디Encyclopaedia》(1817)에서 알파벳 글자에 대해서만 상론했는데(39/24), 이는 타 문화나 타 민족 언어는 재고의 가치조차 없다는 뜻이다. 헤겔은 목소리(기의)를 듣는 귀는 눈과는 달리 정신을 이상화한다고 주장했다. 이유는 아주 단순하고 동시에 아주 폭력적이다. 귀보다 눈을 없애면 사물과 경험적 세계로부터의 분리가 훨씬 더 철저하고 효과적이라고 헤겔은 《회화의 철학》에서 주장했기 때문이다(23/13). 귀보다는 눈이 사물과 현상세계를 파악하는 데 훨씬 더 빠를 뿐만 아니라, 아우르는 범위가 귀와는 비교가 되지 않기 때문이다. 따라서 헤겔과 서구 형이상학은 경험세계와 인간의 역사를 떠난 무시간성, 무장소를 이상理想 혹은 순수로 전제했는데, 이에 도달하기 위해서는, 귀보다는 경험적 세계와 현상에 민활하게 대응하는 눈이 절단되어야 한다고 간주했다. 오이디푸스가 자신의 눈을 찔러 실명한 후, 신의 섭리를 터득했다는 그리스 비극의 줄거리는 그 후 서구 형이상학의 원형이자 뿌리가 되었다. 이것이 데리다가 끊임없이 서구 형이상학과 헤겔의 변증법은 '폭력'이라고 지적하는 많은 이유 중 하나다.

그러나 음성이 현존과 직접 연결된다는 헤겔의 음성중심주의 주장은 문자의 중요성이 대두되면서 아주 심하게 흔들린다. 헤겔 역시 음성이 아니라, 라이프니츠처럼 문자가 경험적 세계로부터의 이탈과 절단을 훨씬 용이하게 한다는 것을 잘 알고 있었다. 그래서 헤겔 자신이 말하는 관념주의, 절대정신 혹은 순수주의를 추구하는데 알파벳 글자(문자)와 알파벳 소리, 이 둘 중 알파벳 글자(문자)가 더 효과적이기 때문에 문자의 우수성을 주장한다. 물론 이것은 종전의 헤겔 입장(음성중심주의)과는 반대(모순)된다.

> 알파벳 글자는 … 최상의 글자, 마음의 글자다. 목소리를 지우는 것은 소리 기표의 이상적 내재성, 즉 순수한 기의를 드러내기 때문이다. 따라서 들리는 목소리를 지움으로써 소리 기표[글자, 문자]인 알파벳은 역사와 무한한 정신을 담론과 문화를 통해 드러나게 했다. … 귀에 듣기 좋은 알파벳 음성 언어의 추상적 요소[문자]들은 주체의 내면성을 탄탄하고 순수하게 만든다. (40/24-25)

헤겔은 처음에는 음성중심주의를 고수하기 위해, 라이프니츠의 주장을 언어도단이라고 비판했으나, 위의 인용에서 보듯, 라이프니츠의 주장에 결국 동의한다. 알파벳 소리글자는 최상의 글자, 즉 정신의 글자이지만, 알파벳 소리가 지양하려면 문자가 되어야 한다는 것이다. 음성중심주의를 고수하며 서구 전통 철학을 집대성하고 대변한 대철학자가 드러낸 대大모순(20/9)이다.

18세기에 대두된 보편문자에 대한 열망, 그리고 언어와 문자에 관한 과학적 접근은 서구의 신학과 형이상학의 발판이었던 음성중심주의에 무서운 위협이 되었고, 이는 감당하기 어려운 도전이었다. 이 결과 전쟁과 같은 격렬한 논쟁이 벌어졌다. 왜냐하면 '태초에 말씀'을 뒷받침하기 위해 음성 vs 문자의 이원구조에서 음성을 우선시하는 서구 철학(신학) 및 전통 인문학은 심하게 흔들릴 수밖에 없었기 때문이었다. 데리다는 이 치열한 논쟁에서 헤겔 철학이 아마도 가장 고귀한 상처를 입게 될 것이라 했다. 헤겔 철학의 절대정신은 신의 음성을 담지한 음성중심주의와 로고스중심주의를 지키기 위한 것이다. 이원구조를 강화한 헤겔의 변증법은 그야말로 서구의 철학(신학)의 대들보이자 기둥이었다. 서구 전통 인문학 담론 거의 전부가 헤겔의 변증법 속으로 빨려 들어갔다. 그래서 데리다는 헤겔의 변증법을 '무적無敵의 개념기계'라 했다. 그런데 신학이 주장하던 신의 음성은 순수한 것이 아니라, 그라마톨로지가 논증해내듯 문자와 문법체계가 만드는 소리gramophone로 판명되어, 간곳없이 사라져 찾을 길이 없어진 것이다. 이 결과 서구의 전통 철학을 집대성한 헤겔이 만들어낸, 가장 고귀한 순수 절대정신은 고귀한 상처를 입고 허허롭게 무너질 수밖에 없기 때문이다.

(5) 쿠르티우스

쿠르티우스E. R. Curtius(1886-1956)의 저서 《유럽 문학과 라틴 중세의 페드로Pedro에서 칼데론Calderon까지의 언어 기원과 발전》의 백미로 간주되는 〈책의 상징주의〉에서 그는 음성이 우위라고 했다. 그러나 문자와 글자에는 등수가 있다고 주장했다. 1등급 문자는 직의적直意的 문자로, 이는 단순 문자가 아니라, 메타포로 현존을 매개할 수 있지만, 2등급과 3등급 문자는 이런 기능을 할 수 없다고 했다. 이는 우리가 앞에서 읽은 플라톤과 거의 같은 주장(모순)이다.

그렇다면 쿠르티우스의 주장이 로고스중심주의, 음성중심주의 혹은 신탁주의를 해체했는가? 아니라고 데리다는 평가한다. 왜냐하면 1등급 문자는 메타포로서 현존, 혹은 신의 목소리를 매개한다는 주장은 기존의 전통적 형이상학 전제를 그대로 이어받았기 때문이다. 즉 서구 전통 철학(신학)이 음성이 할 수 있다고 전제한 것을 문자가 한다고 주장했기 때문이다. 이 결과 쿠르티우스의 주장은 음성중심주의에 대한 비판이나 해체가 되지 못하고, 음성주의와 함께 신탁주의와 신학 전통 안으로 묻히고 만다고 데리다는 평가했다.

(6) 하이데거

하이데거M. Heidegger(1889-1976)는 《존재와 시간》(1927)에서 선험적 기의 속에 사유와 존재 그리고 태초의 목소리가 있다고 전제했고, 순수한 태초의 목소리와 존재를 담은 글자를 원原글자Urwort라 했다. 또한 존재는 순수한 선험적 기의이기 때문에 존재는 기표에는 없다고 했다. 그러나 우리가 이래에서 곧 읽게 될 그라마톨로시를 적용하면, 모든 개념은 글자와 문법체계에 복속되어야만 한다. 즉 하이데거의 원原글자와 존재Sein·Being 역시 문자와 문법 체계를 거치지 않으면 탄생될 수 없다. '존재' 역시 일단 '존재'라고 쓰여야 우리는 '존재'를 말하고 논의할 수 있기 때문이다. 그런데 글자로 쓰인 '존재'(31/18) 역시 글자의 효과다. 그러므로 데리다는 하이데거가 말한 '존재'를 X로 지우고 해체한다.

초기의 하이데거는 자신이 존재한다고 주장한 원 글자와 존재는 시간처럼 아무것과도 연관되지 않은 순수 자동효과pure auto-affection (《입문》 122-124)라 했다. 즉 더할 수 없이 순수하다는 것이다. 왜냐하면 외부로부터의 모든 불순물과 경험적 차원이 완전히 배제된 것이 시간이라고 전제했기 때문이다. 그러나 철학이 사용하는 일직선적 시간은 이미 순수한 시간 그 자체가 아니다. 순수한 시간이 바퀴처럼 돌아가는 것인지, 아니면 바퀴 중심처럼 정지해 있는 것인지 아무도 모른다. 우리 일반인들도 일상의 편의를 위해 직선적으로 시간을 정하고, 이에 따르고 사용하듯이, 철학도 마찬가지다.

후기에 가서 언어의 중요성을 인정한 하이데거는 존재는 순수한 시간을 통해서가 아니라, '존재는 언어를 통해 드러난다'고 말을 바꾸었다. 그런데 하이데거가 여기서 언급한 '언어'는 독일 시어詩語(《데리다와 문학》 79-82)로 국한된다. 그러나 시어 vs 보통어의 이분법도 성립되지 않는다. 둘 다 문법 체계에 속복되어야 하기 때문이다. 하이데거도 이 사실을 잘 알고 있었다. 20세기에 들어와 의미를 만드는 것은 문자 체계임을 그라마톨로지가 드러내자 하이데거는 자신감을 잃었다. 그러나 독일 시어를 통해 존재가 되돌아올 수 없다는 것을 알았지만, 자신의 종교(기독교)와 정치적(나치 골수당원) 이유로 이원구조를 끝까지 고수했다(《데리다와 문학》 83-88). 이런 이유로 하이데거는 중세로 되돌아갔다고 데리다는 혹평했다(32-33/21-22).

(7) 예름슬레우

20세기에 들어와 언리학言理學Glossematics은 그라마톨로지의 개화에 크게 기여했다. 언리학의 창시자 예름슬레우L. Hjelmslev(1899-1965)는 (목)소리를 문자의 우위로 간주, 절대시하는 전통적 언어관에 반대하면서, 모든 의미는 문자와 이의 문법을 통해서만 가능하다고 주장했다. 《일반 언어학 강의》에서 소쉬르가 문자를 소리의 하위로 간주하는 것(이 책 85-86)을 예름슬레우는 그의 저서 《일반 문법 원칙들》

(1928)에서 완전히 제거하면서, 언어의 문법과 의미는 음운론과는 무관함을 주장했다. 그는 전통적으로 서구가 중시했던 소리(말, 음성, '말씀')가 진리, 기원, 의미, 심리 등을 드러낸다는 전제를 철저하게 제거했다. 말(음성)은 의미나 심리와는 아무런 관계가 없음을 증명했다. 대신 그는 언어 사용을 경제학에서 말하는 가치 교환과 동일시했다. 예름슬레우는 문자와 글자로 생성된 언어의 의미와 가치를 철저하게 경험적·경제적 생활의 유용성에 두었다. 화폐가 사람들의 손에서 손으로 돌듯이, 언어 역시 사람들의 입에서 입으로 회자하며 사용된다. 그런가 하면 그는 장기놀이(《입문》 68-69)가 언어 사용을 설명하는 데 적합하다고 했다. 그러나 그는 언어 사용이 장기놀이보다 개인의 자유를 더 속박한다고 했다.

그러나 언리학 역시 이원구조를 사용하면서, 문자의 의미와 문자 형식(체계)은 서로 연결된다고 주장했기 때문에, 여전히 이원구조 안에 있었다(이 책 55-62 ❁ 〈내부=외부〉). 바로 이런 이유로 데리다는 폐쇄의 이원구조 안에 있는 언리학의 한계를 비판했다(《해체》 107).

(8) 퍼스

퍼스C. S. Peirce(1839-1914)는 기호학semiotics이라는 말을 소쉬르보다 훨씬 먼저 사용한 사람으로 그라마톨로지의 도래에 큰 역할을 했다. 윌리엄 제임스는 그를 천재라 했지만, 퍼스는 대학교수직도 얻지 못한 탓에 땔감조차 살 수 없었을 만큼 극빈의 임계점을 걷는 삶을 살았다. 퍼스는 언어가 드러내려는 대상은 대상 자체가 아니라 기호의 체계로 인식해야하며, 이 결과 기호는 대상에 구멍을 내고 대상으로 부터 이탈한다고 했다. 퍼스가 사용한 이 '구멍'이란 말을 데리다는 '차연'의 또 하나의 상이한 반복으로 대체했다(이 책 94).

퍼스는 그의 글 〈카테고리에 대한 새로운 리스트에 관하여〉(1867)에서 대상과 존재를 형용하는 언어는 비결정적 결정이라 했다. 즉 수식하는 단어는 대상이나 개념 그 자체와는 전혀 관계가 없고(비결정), 다만 이를 수식하는, 그러나 결코 결정적이지 못한 여러 개의 형용사들에 의해 결정된다는 뜻이다. 철학에서 말하는 존재, 그리고 심리학에서 말하는 자아도 마찬가지라는 것이다. 이 모든 것들은 이 자체와는 전혀 관계없는 형용사들로 결정된 표상(허구)인데, 퍼스는 이 표상(허구)은 또다시 서로 상이한 사람들에 의해 상이하게 해석된다고 했다. 퍼스의 이 같은 주장은 단어가 지시하는 대상과 일치한다는 전통적 명명주의命名主義nominalism를 일거에 격파했다.

퍼스는 실용주의자로서 의미를 셋으로 분류했다. 첫 번째는 아이콘icon, 두 번째는 지표indices, 세 번째는 상징으로 위계를 정했다. 우리가 조심하고 주의해야 할 것은 수많은 서구의 언어학자들과 인문학자들은 각자 자신의 용도와 의도에 따라 용어를 선택, 사용했는데, 퍼스는 상징을 우리가 통상 사용하는 기호의 뜻으로 사용했다는 사실이다. 퍼스는 '상징[기호]은 상징[기호]에서 자란다', 그리고 '상징[기호]은 상징[기호]의 전체성으로 가능하다'고 했다. 이는 상징[기호]은 상징[기호]이 가리키는 그 무엇 자체와 연관되지 않고, 이 이전의 상징[기호]과 상징[기호]의 체계에 의해서만 가능하다고 했다. 더 나아가 퍼스는 이것은 또다시 다른 사람들에 의해 해석된다고 했다. 그리고 퍼스는 이것이 바로 이 상징[기호]이 논리라 했다. 즉 서구 전통 철학자들이 전제한 순수한 논리는 존재하지 않는다는 말이다. 이렇게 퍼스는 종전의 언어관을 혁파했다.

그러나 여전히 퍼스의 기호학에는 한계가 있다고 데리다는 지적한다. 퍼스는 상징[기호]의 어느 일면은 아이콘—아이콘을 퍼스는 전통적으로 대상과 직접 연결되는 상징을 뜻했다—과 연결된다고 모순되는 말을 했기 때문이다. 퍼스가 '상징[기호]은 상징[기호]에서 자란다'라고만 했더라면, 데리다가 언어의 속성으로 규정한 '차연'과 동일했을 것이다. 이렇듯 부분적 한계는 있었지만, 퍼스의 말에서 우리가 최종적으로 다루고 있는 것은 대상 그 자체가 아니라, 기호 체계에 의해 만들어진 기호이며, 이러한 기호는 다시 상이하게 해석된다는 점을 지적했기 때문에 퍼스의 공헌은 매우 크다고 데리다는 평가했다(70-71/48).

(9) 랑베르

그라마톨로지 도래에 공헌한 또 한 사람이 랑베르J. H. Lambert(1728-1777)다. 그는 언어는 현상학Phenomenology·Phanemenology 자체를 불가능하게 만든다고 주장했다: 현상학이나 전통 철학이 추구하는 '물자체나 대상에 관한 이론은 기호의 이론으로 환원된다.' 따라서 그는 언어(소리)가 현상 자체, 순수한 현상학적 목소리, 혹은 현전을 드러낸다는 것은 언어도단이라 했다. 칸트가 말한 물자체Numena·Thing-in-itself는 물자체와는 관계없는 표상 그 자체라는 뜻이다. 랑베르의 말이다: '드러난다는 생각은 기호의 생각이다.' 즉 이 말은 우리의 생각은 기호로 대체된다는 뜻이다. 다시 설명하면, 나 개인의 고유한 생각은 잠재태로 있을 것 같기도 하다. 그러나 이것이 의사소통을 위해 기호(언어)로 표현되는 즉시 이것은 기호에 의해 나만의 생각은 지워진다. 이 결과 '우리는 오로지 기호로 사유한다'(데리다의 밑줄). 그러므로 '문법은 의미론과 음운론으로부터 독립된[무관한] 것이다'(73/50). 이러한 주장의 결과는 무엇인가? 서구 이성(음성)중심주의의 '원칙 중의 원칙'이라고 주장한 후설의 현상학적 목소리에 치명타가 된다. 문자의 문법체계에 종속된 글자소리gramophone를 서구는 '순수한 신의 말씀'으로, 그리고 후설은 '순수한 현상학적 목소리'로 착각했던 것이다(이 책 180-181).

그라마톨로지를 부상시키는 데 기여했던 사람들은 또 있다. 마르티네A. Martinet(1908-1999?)는 언어사용은 알파벳 자판을 치는 것과 동일하다고 주장했다. 그래서 많은 언어학자들이 여전히 음성 연구만을 하고 있음을 개탄했다(81/56). 또한 바르텔레미J.-J. Barthélemy(1716-1795), 울달H. J. Uldal, 그리고 겔브I. Gelb 등은 그라마톨로지를 견인하는 데 큰 역할을 했다. 특히 겔브는 '그라마톨로지'라는 용어를 처음 사용한 사람이다. 이들 모두 문자의 문법 체계가 언어와 말(음성)의 의미를 만든다고 주장했다. 베르거Berger 신부는 《고대 글자에 관한 역사》(1892)에서 모든 종류의 언어를 탐구해본 결과, 기의와 기표의 구분은 이론적·목적론적·신학적 미망에서만 가능할 뿐, 실제로는 전혀 적용이 되지 않는다고 했다. 그런가 하면, 코헨Cohen은 언어의 속성은 철저하게 외재적 도구라 했다(121-122/82). 페브르에Febrièr는 통합과 분석이라는 이분법을 고수, 문자를 우선시하면서, 소리와 음성을 우선시하는 언어학과의 결별을 다음과 같이 선언했다.

> 전통적으로 말의 시녀 역할을 한다고 간주되었던 문자가 언어의 자리를 차지하고 있다. 이것이야말로 문자의 통쾌한 복수가 아니겠는가? (123/83)

그러나 이러한 그라마톨로지는 신학으로부터 음성을 떼어놓았지만, 여전히 한계가 있었다고 데리다는 평가했다. 왜냐하면 여전히 이원구조를 사용하면서, 음성이 아니라 문자가 의미를 만든다고 주장했기 때문이다. 그러나 이미 퍼스의 주장에서 보았듯이, 문자(기표)도 의미(기의)를 만들지 못한다. 대신 문자(기표)는 또 다른 문자(기표)로 이동되면서, 상이한 반복과 해석을 계속할 뿐이다. 그러므로 서구전통 철학이 고수한 현전, 존재, 혹은 현상학적 목소리는 영원히 무한 연기된다. 이 사실을 데리다가 지적해서 주조한 단어가 '차연'이다. 그라마톨로지를 도출한 위의 언어학자들은 서구 전통 음성중심주의를 해체했다. 그러나 여전히 이원구조를 고수한 그라마톨로지는 언어 기원에 대한 역사적(통시적) 관찰을 배제하고 구조적(공시적) 분석만을 한 결과, 여전히 문자가 음성을 대신해 의미를 지닌다고 주장하는 한계가 있었다. 데리다는 《그라마톨로지》에서 언어에 대한 역사적 고찰과 동시에 구조주의적 분석, 즉 이중적 접근과 분석의 결과로 문자 역시 기의 없는 기표임을 증명하면서 그라마톨로지까지 해체했다.

(10) 파운드

파운드E. Pound(1885-1972) 역시 우리가 앞에서 일견한 서구 철학자나 언어학자들처럼 '서구의 환상'을 가지고 있었다. 그는 라이프니츠처럼 중국 한자(문자)를 절대시하면서, 이를 가장 훌륭한 시어詩語로 간주했다. 그가 쓴 《칸토스》(1919-1960)에 한자가 대량 등장하는 이유다. 이러한 서구의 '환상'의 결정체가 파운드의 시학 '소용돌이주의Vorticism'[3]

---

3 필자는 대학원생이었을 때, 파운드 시의 권위자 알티에리Charles Altieri 교수님의 강의에서 '시의 소용돌이주의'라는 말을 처음 듣고, 도저히 이해할 길이 없었다. 지금 이 글을 읽는 후학들 역시 마찬가지일 것이다. 강 위에 떠 있는 달을 보고, 달빛과 술에 취해, 혹은 순간적 영감으로 일필휘지하여 시를 썼다는 위대한 시인들의 이야기를 듣고 필자 세대는 자랐다. 그런데 신학에 모든 것을 종속시킨 서구는 철학과 문학은 물론 미술까지 하늘 위로 올라가는 승천의 지양을 드러내는 것이어야만 했다. 아리스토텔레스가 《시학》에서 말한 시의 '유기적 통일성'은 다만 그 시발이었다. '시의 소용돌이주의'는 바로 이 '유기적 통일성'을 극대화한 20세기 서구의 시학이다.
필자는 수십 년이 지난 지금도 '소용돌이주의'라는 단어를 어쩌다 보게 되면, 이에 대해 강의하던 알티에리 교수의 열정에 아직도 어떤 미소를 띠게 된다. Altieri라는 이름으로 봐서, 그는 이태리 이민자의 후손으로 짐작 되는데, 이태리 노래를 열창했던 조상들의 열정을 그대로 유전 받아서인지, 그의 강의가 끝날 때쯤, 늘 예외 없이 자신의 목소리를

다. 그는 '유기적이며 기하학으로 완성된 시는 위로 지양止揚Aufhebung하는 소용돌이를 발생시키는 힘이 있다'고 했다.

한국인은 이해하기 어려운 이 파운드의 시학은 아리스토텔레스가 《시학》에서 말한, 시도 나무처럼 '유기적 통일성'을 지녀야 한다는 명제를 극대화된 것이다. 이 '유기적 통일성'은 17-18세기 기하학주의가 본격화되면서, 프랑스 소설에서 선先형식주의preformalism로 강화되었는데, 소설에서도 소용돌이 곡선의spiral, 혹은 나선형의 상승helical ascent이 있다고 주장했다(《글쓰기와 차이》 2장). 이 상승은 '원점'으로 가기 위한 것이고, 이것은 기원, 물자체, 순수 정신 등으로 무제한적으로 2,500년 철학사에서 상이하게 반복되었다. 이 '상승'은 헤겔의 변증법이 말하는 '지양'이다. 이와 함께, 소설의 시작 역시 늘 과거의 원점으로 되돌아가는 형식을 취했다. 가장 대표적인 예가 프루스트의 《잃어버린 시간을 찾아서》가 될 것이다.[4] 이런 이유로 데리다는 '문학이 철학을 번역했다'(《글쓰기와 차이》 31/17-18)고 했다.

완전히 잃어버리고, 이상한 쉿소리를 내곤 했다. 이유는 벨칸토 창법을 교수님이 전혀 익히지 않은 채로, 2 시간 강의를 처음부터 끝까지 쉬지 않고 그야말로 열창하듯 했기 때문이다. 이에 따른 후유증이 오랫동안 쌓인 탓인지, 교수님은 어느 날 허리가 너무 아파 앉을 수도 설 수도 없는 처지에 이르렀다. 그러나 교수님은 결강 대신, 강의실 칠판 앞에 있는 긴 탁자 위에 누웠고, 들고 다니는 책가방을 베개로 한 채, 한 손으로 책을 높이 들고, 시가 빙글빙글 돌며 위로 올라가는 원추가 된다는 '소용돌이주의'에 대해 열강, 아니 열창하셨다. 그러나 안타깝게도 빙글빙글 돌며 위로 올라간다는 원추(시)는 필자의 눈에 끝내 보이지 않았고, 대신 평소에는 교수님 바로 앞에 앉아 있는 학생들에게 튀던 교수님 침방울 몇 개가 그날은 누워 있는 교수님 얼굴로 낙하하고 있었을 뿐이었다.

4 프루스트의 대표적인 연구가 풀레Georges Poulet의 《프루스트의 공간》(1963)은 프루스트에 관한 연구 논문을 한데 묶은 것이다. 여기에 수록된 〈프루스트〉는 다시 베르자니 Jacques Bersani가 편집한 《우리 시대와 프루스트에 관한 비평들》(1971)에서 〈존재의 변증법〉이라는 표제가 달렸다. 또한 프루스트에 관한 풀레의 저서명이 《원환圓環cercle의 변모變貌》(1961)다. 1987년 《잃어버린 시간을 찾아서》의 편집자 라퐁Robert Laffon에 따르면, 프루스트에 관한 저서와 논문이 1971년 프루스트 탄생 100주년을 기점으로 해서 그 이후 만 편을 훨씬 넘었다고 한다. 프랑스 문학의 거장 프루스트가 그의 소설에서 중히 여겼던 테마 중 하나가 시간과 공간, 그리고 원환이고, 이 셋은 바로 변증법의 것이다.

파운드의 시학은 서구의 기하학주의(구조주의)를 과신하고 극대화한 결과다. 동시에 신학적이다. 왜냐하면 완벽한 시는 소용돌이를 일으키며 위로 올라간다는 것인데, 이 역시 헤겔이 말한 지양과 초월에 대한 갈망이자, 기독교가 말하는 승천을 뜻하기 때문이다. 시가 위로 올라가는 원추Vortex처럼 되어 엄청난 소용돌이의 에너지를 발생시킬 때 지양이 가능하다는 것이다. 시가 이런 상태에 이를 때, 파운드는 '최고의 시'라 주장했다.

파운드 역시 라이프니츠처럼 중국한자가 '분석적 기하학'—최고의 기하학적 분석적 형식—에 근접해 있다고 극찬했다. 그러나 이는 물론 서구의 환상이자 착각이며 중국 한자에 대한 무지 그 자체다. 중국인들은 한자가 분석적 기하학에 근접해 있다고 상상조차 하지 않는다. 그래서 데리다가 서구의 '환각', '환상'이라고 했다. 조이스는 파운드가 주장한 최고의 시, 즉 소용돌이를 일으키며 위로 올라간다는 원추vortex의 시詩verse 역시 텍스트에 쓰이면 시 텍스트vertext가 되어 책속의 글자로 화한다는 사실을 이론적 근거와 함께 언어유희[5]로 해체했다.

서구 학자들이 평소에는 폄하하던 타민족 언어에 대해 이렇듯 칭송을 하는 이유는 언어와 이성, 로고스에 대한 자신들의 환상 혹은 환각을 정당화하고 강화하기 위한 방편으로 이용하기 위해서였다. 데리다는 서구인들의 이러한 이중적 태도, 즉 타민족에 대한 장광적長狂的hyperbolic 칭송과 묵시적 폄시가 지금까지 지속되고 있다고 했다.

---

5 데리다가 자신의 논증의 결과를 언어유희·철자변치palindrome·paronomasia로 다시 강화 하듯, 조이스 역시 그러하다. 조이스가 언어유희에 있어 데리다 보다 훨씬 더 빠르고 훨씬 더 능란하다. 언어유희로 조이스를 능가할 사람은 앞으로 없을 것이다. 《데리다와 문학》 321-359 참고.

3. 그라마톨로지

실증적 과학인 그라마톨로지는 철저하게 역사적, 그리고 경험적 증거와 토대로부터 도출되었다(109/74). 그라마톨로지grammatology의 gram은 문법grammar의 gram, 그리고 그라프의 형체graphe·glyphic를 뜻한다. 이 그람이 음성이 의미를 갖게 되는 첫 번째이자 마지막 조건임을 증명한 것이 그라마톨로지다. 상형문자, 중국 한자, 그림글자, 그리고 음성언어까지, 모든 언어가 의미를 갖도록 한 공신은 음성, 순수한 말 혹은 '태초의 말씀'이 아니라, 문자의 문법 체계다.

더 나아가 그라마톨로지는 언어 체계를 가능케 하는 활자 형태와 문법 속성은 인공두뇌학이 말하는 프로그램program과 동일함을 조명했다. 프로그램pro-gram이란 나(우리)를 대신해pro- 나(우리)보다 먼저pro- 문법에 귀속된 체계화다. 그러므로 문자는 나 개인의 주관적 의식과는 상관없는, 나의 힘으로는 난공불락의 체계라는 외부의 그 무엇을 생성시키는 인자(125/84)다.

데리다는 이러한 프로그램의 특징이 또한 '역사적이자 형이상학적 특징'이라 했다(19/9). 이 말은 진리, 태초 혹은 기원을 주장하는 음성중심주의(신탁주의)는 말할 것도 없고, 서구철학 및 인간 역사가 모두 프로그램 혹은 구조화 되었다는 뜻이다. 즉 형이상학은 서구가 주장한 대로의 형이상학이 아니었다는 뜻이다. 왜냐하면 서구 신학과 형이상학은 신의 목소리, 영혼, 초월, 무한, 절대정신을 드러낸다고 주장했지만, 사실은 이원구조(허구)의 폐쇄 안에서 문자로 탄생되었기 때문이다. 부인할 수 없는 것은 서구 신학과 형이상학은 이원구조의 폐쇄 체계가 자체적으로 운영되면서 시작되었고, 이것이 2,500년간 계속되었다. 그래서 '서구 철학사는 플라톤 철학의 긴긴 주석에 불과하다'(화이트헤드A. N. Whitehead). 서구 전통 철학의 폐쇄된 이원구조가 서구 전통 철학이 추구하는 모든 것의 생성 자체la genèse elle-même를 가능케 했다. 이런 이유로 영혼, 무한, 초월, 존재 등 모든 서구 형이상학적 개념은 이것 자체와는 철저하게 혹은 데리다의 표현을 빌리면 '선험적으로' 무관한(외재적) 폐쇄 구조의 프로그램 안에서 폐쇄의 일부가 되면서, 서구 전통 철학이 찾아 드러내고자 했던 모두는 오로지 죽은 흔적(이 책 97)만을 남기고 사라졌다. 그라마톨로지의 부상으로 서구 전통 형이상학이 추구해왔던 무한, 초월, 순수, 기원 등은 결국 체계와 프로그램 안에 있음이 드러났다. 이렇게 되면 서구 전통 형이상학은 곤두박질(21/10)치며 해체될 수밖에 없다. 서구의 철학, 신화, 신학이 그라마톨로지의 도래를 장구한 세월 동안 억압, 지연시키면서, 서구는 숨pneuma을 정신으로 착각하고 음성을 섬겼지만, 사실은 태초부터 그라마톨로지가 중시한 문자를 섬겼다(29/17). 왜냐하면 '정신', '초월' 등은 문자 체계에 의해 생겨난 문자 효과이기 때문이다.

선사학자 르루아-구르한A. Leroi-Gourhan(1911-?)은 그의 저서 《제스처와 말》(1964-1965)에서 문자 형태가 일정 체계 안에서 연속적으로 작동되는 역사가 삶의 역사라 했다. 인간의 두뇌, DNA, 신경계통 역시 체계화된다고 주장했다. 이 '체계화'를 데리다는 '외부화'(데리다의 밑줄)로 표현했다. 우리가 드러난다고 믿었던 것은 외부 체계에 종속된 결과, 드러나지 않고, 대신 이질적인 외부 체계에 종속되기 때문에 '외부화'다. '외부화'(체계화)란 개인의 내적 심리, 내재적 의식, 주관성, 무한, 초월, 영혼은 단지 부상하는 특징(126/84)일 뿐, 이것들이 마침내 드러날 때는 지극히 외부적인 프로그램, 문법 혹은 체계에 종속되어 어느 특정 개인의 내적 심리, 내재적 의식, 주관성은 사라진다는 뜻이다. 무한, 초월, 영혼이라는 말에서 무한, 초월, 영혼 자체 역시 사라진다. 이 결과 인간 역사의 발달은 폐쇄된 채, 철저하게 프로그램되는 외재화로 시작되었고, 이것만이 끊임없이 팽창되었다. 그러나 이러한 팽창은 여전히 문법체계와 구조의 폐쇄 안에서의 팽창이다.

인간 두뇌의 발달 과정과 인공두뇌학의 역사 역시 미리 먼저pro 짜인 문법gramme의 역사다. 그러므로 프로그램과 문법에는 자체로의 고유한 신기원, 진리 그리고 개인의 의도는 전적으로 그리고 절대적으로 빠져버린다. 서구 음성중심주의도 신화(허구)이지만, 프로그램(문법) 자체 역시 신화(허구)다. 언어도 역사도 오랜 시간에 걸쳐 짜인 외부 프로그램의 결과이자 효과다.

서구는 2,500년 동안 음성중심주의를 섬기며 음성을 순수하고 고유한 것으로 문자보다 우월한 것으로 간주했다. 그러나 서구의 음성중심주의, 그리고 신탁주의는 음성을 우선시하면서 문자를 폄하했지만, 인간 역사가 가능할 수 있었던 것은 음성이 아니라, 전적으로 문자 덕분이다. 문자는 입과 귀의 역할을 대신하면서, 말이 담당할 수 있는 영역과는 비교가 되지 않을 정도로, 역사와 인지를 거의 무제한적으로 확대시켰다. 문자의 역사가 바로 호모 사피엔스의 역사다. 구술의 역사는 불가능하다. 문자는 시공간을 초월해 영생한다. 구술(음성)은 문자의 위력과 항구성에 비하면 치명적 약점을 가진다. 서구는 음성중심주의를 믿었지만, 음성조차 문자와 체계로부터 벗어날 수 없었기 때문에, '기원을 되찾는 것, 그리고 이것을 계속해서 탐구하는 과정은 기계적이고 기술적일 수밖에 없었다'(126/84-85). 기원 혹은 절대 진리를 찾고자 했던 서구 전통 형이상학 역시 먼저 문자로 짜인 프로그램의 이원구조에 종속되지 않을 수 없었다. 따라서 서구 형이상학의 순수 음성('태초의 말씀')은 성취될 수 없는 꿈, 신화, 환각 혹은 환상이었다.

4. 데리다 해체와 그라마톨–로지와의 이중 관계

데리다는 자신의 해체는 '그라마톨로지를 예증하거나 옹호하고 있는 것이 아니'며, 자신의 해체는 그라마톨로지의 필요성을 부각시켜 '인식론적 장애들', 즉 음성중심주의와 이원구조를 제거하는 것이라 했다(《입장들》 21-22/12-13, 《입문》 197). 자신의 해체는 서구가 근거 없이—근거가 없지는 않다. 서구 신화인 신학이 근거다—정한 말과 문자와의 위계에 관한 질문이고, 이 질문은 반드시 제기되고 보호되어야 한다는 사실을 반복, 강조했다(13/4, 《입장들》 95/71, 《글쓰기와 차이》 116/78, 192/131). '인식론적 장애가 되어온 이원구조'를 그대로 믿고 따르는 '그라마톨로지는 여전히 로고스중심주의와 형이상학 안에 갇혀 있'(56/38, 142/93)기 때문이다. 그라마톨로지는 장구한 세월 동안 지속되어 온 음성중심주의를 해체하는 대전환의 계기와 근거가 되었다. 그러나 데리다는 여전히 음성 vs 문자의 이원구조를 고수하며 문자가 음성이 하던 일을 대신 한다고 주장하며, 문자의 우위를 주장하는 그라마톨로지는 여전히 이원구조 안에 있기 때문에, 이의 한계를 해체한다(109/74, 142/93).

실증적 과학인 그라마톨로지는 언리학이나 라이프니츠의 입장처럼, 음성중심주의와 반대 입장에 서는 것이다. 이러한 그라마톨로지는 이원구조 안에서의 정(음성중심주의)의 반에 해당한다. 그러나 데리다의 주장은 정과 반, 이 둘은 서로의 복사, 더블double 혹은 모조이기 때문에 둘은 서로 동일하다(이 책 55-62 ❁ 〈내부=외부〉)는 것이다. 둘 다 폐쇄 체계 안에 있기 때문이다. 마찬가지 이유로 라이프니츠의 문자주의와 헤겔의 음성중심주의, 이 둘은 다 이원구조 안에 있었고(115-116/78-79), 수많은 서구 철학자들과 언어학자들은 이원구조에 저항하지 않았으며, 그라마톨로지 또한 마찬가지라고 데리다는 평하면서, 그라마톨로지로는 데리다 자신이 도모하는 해체를 할 수 없다고 말한다(83/57). 그라마톨로지 역시 음성중심주의와 짝double으로 동일한 것이다. 즉 근원적으로 그리고 체계적으로 현존의 형이상학과 결착되어 있기(《입장들》 22/13) 때문이다. 이런 이유로 그라마톨-로지grammato-*logy*(109/74, 데리다의 밑줄)의 -로지는 여전히 -론이고 -학이다. 데리다 해체는 이원구조에 터한 모든 -론, 모든 -학, 모든 -주의와 이중관계를 유지하면서 이것들을 해체한다. 데리다는 그라마톨로지를 서구 음성중심주의를 해체(71/49)하기 위해 막강한 지렛대로 사용하지만, 동시에 그라마톨로지까지 해체한다. 즉 해체와 그라마톨로지 관계 역시 이중 관계다. 데리다 해체는 그라마톨로지를 옹호하는 것이 아니라, 해체한다. 그래서 데리다는 자신의 해체는 그라마톨로지에 대한 질문이라 했다(《입장들》 21-22/12-13). 그라마톨-로지의 하이픈 -은 데리다 해체와 그라마톨로지와의 이중 관계, 즉 떨어져 있지만 동시에 붙어 있는 경첩(이 책 88)의 이중 관계를 눈으로도 보고 확인할 수 있도록 표시한 것이다. 동시에 데리다 해체는 이원구조 안에 있는 그라마톨로지의 폐쇄를 '초과'해 폐쇄 너머를 향하는 모험을 시도(109/74, 232/162)하기 때문에, 데리다 해체와 그라마톨로지와의 관계는 -로 이어져 있지만, 동시에 떨어지는, 경첩의 이중 관계다. 이렇듯 데리다 해체는 데리다 자신이 해체하는 모든 대상과 항상 그리고 철저하게 이중 관계를 갖는다.

데리다는 실증 과학인 그라마톨로지와 이중관계를 가지면서, 자신의 해체가 추구하는 긍정적 앎positif savoir으로 나아간다. 데리다는 positivité를 긍정의 의미로 사용했다(14/4). 또한 프랑스어 science은 영어에는 없는 '앎'이란 뜻이 있다. 데리다 해체가 암시하는 '긍정적 앎science positif'은 니체의 책명《즐거운 앎La Savoir positif》의 상이한 반복으로, 자신의 해체는 긍정적(즐거운) 앎이라는 뜻도 있다. 데리다는 자신의 해체는 '사랑으로 시작'하고, 미래를 향하는 긍정임을 반복 강조했다.

5. 책의 종말과 에크리튀르의 시작

데리다는 어떤 '책'에 종말을 고하는가? 앞에서 설명한 서구 음성중심주의, 서구 이성중심주의, 그리고 이를 보호하기 위한 이원구조에 터한 서구 전통 담론들 모두의 종말이다. 그라마톨로지의 부상으로 음성중심주의 신화는 그 근거를 잃었다. 그러나 이것으로 문제가 해결된 것은 결코 아니다. 그라마톨로지로 인해 음성중심주의가 급격하게 무너진 이후의 난맥상에 대한 데리다의 말이다.

> ① 언어의 문제는 여러 문제들 중 하나의 문제가 아니다. … ② 언어에 대한 과소평가는 값싼 유혹과 유행에 수동적으로 쉽게 끌려들어가는 것이며, 이는 아방가르드적 무지 그 자체다. ③ 이와 반대되는 태도는 '언어'의 절대 인플레이션이다. … 우리는 기호로부터 떨어져 나와 자유롭게 되기를 욕망했지만, 오히려 언어는 삶 자체를 위협하고, 우리의 욕망을 비틀어 떼어내었고, 우리는 그 어떤 도움도 없이 무제한적 힘을 지닌 언어의 협박에 떠밀려 이리 저리 부평초처럼 떠돌아다니다가, 언어의 한계 속으로 다시 되돌아오는 순간, 언어의 한계는 사라졌다고 착각한다. 왜냐하면 언어를 초과하는 무한의 기의가 언어를 책임지면서, 모든 것을 … 보증한다고 착각하고 믿기 때문이다. (15/6)

① 세상 모든 것은 언어로 결정된다. 글자가 현실을 지배하고 인간 역사까지 구성한다. 그래서 '세상world은 단지 글자word에 불과

하다'(셰익스피어). 따라서 언어는 한 가지 문제가 아니라, 절대적 문제다.

② 그라마톨로지의 부상으로 음성중심주의가 무너진 후 불안은 두 가지 반응으로 나타난다. 하나는 언어는 죽음이며, 아무것도 지시하지 않는다고 선언하며, 무절제와 무전략으로 일관하는 데카당적 태도다. 데리다는 이를 '언어의 절대 디플레이션'이며 '무지'라 했다. 따라서 많은 사람들이 데리다를 '언어유희에만 탐닉하는 데카당'이라고 평한 것은 지독한 오해다.

③ 또 다른 반응은 여전히 전통을 그대로 고수하는 것이다. 언어의 족쇄로부터 벗어나는 일은 너무나 어렵기 때문이고, 벗어나려는 시도는 전략의 미비로 실패하기 일쑤다. 이런 상황에 봉착하면, 포기하고 스스로를 위로한다. 즉 언어를 통해 음성중심주의가 표방했던 것들인 의미, 순수, 기원, 초월 그리고 무의식까지 되찾을 수 있다고 믿는다. 이것을 데리다는 '언어의 절대 인플레이션'이라 했다. 데리다는 '언어의 절대 인플레이션'과 '언어의 절대 디플레이션', 둘 다 거절한다.

그렇다면 데리다의 방책은? 데리다 자신이 '해체의 열쇠'이자 동시에 '차연'이라고 한 다양한 해체적 글쓰기(《입문》 213-264, 《데리다와 문학》 111-138), 모든 국면과 모든 차원에서 진행하는 철저한 이중 전략, 그리고 전통과 텍스트에 대한 천착을 통해 미래를 유도하는 것이다.

6. 이원구조는 신학이다

데리다는 '이원구조는 궁극적으로 신학을 내포하고 있다'(《글쓰기와 차이》 38/22)고 했다. 따라서 '데리다 해체가 무엇인가?'라는 질문에 가장 간단하고 가장 정확한 답은 이원구조 해체다. 왜 이원구조를 해체하려 하는가? 이원구조는 처음부터 풀리지 않는 문제를 지니고 있었기 때문이다. 이원구조를 사용한 사람은 그리스 철학자 플라톤이다. 그는 동굴 속 어둠은 무지와 현상세계에, 그리고 동굴 밖의 빛은 진리 혹은 이데아Idea의 세계에 비유했다. 플라톤은 《공화국》과 《필레부스》에서 철학의 제1의 목적은 우리의 현상적 삶의 모든 변화와 발생의 제1원인자인 이데아로 돌아가는 것이라 했다. 제1원인자인 이데아 혹은 기원으로 돌아가는 것이 목적이기 때문에 플라톤 철학은 기원론, 목적론, 회귀론 혹은 귀향론이기도 하다. 그리고 이것이 플라톤 이후 2,500년간의 서구철학이 지키고 추구했던 것이기도 하다. 그러나 이러한 목적이 실현되지 못한 이유는 폐쇄된 허구의 이원구조 때문이있다(이 책 55-62).

이유는 또 있다. 플라톤은 이데아(동굴 밖)와 현상세계(동굴 안)가 어떻게 연결되는가를 증명하지 못했다. 더구나 플라톤 철학이 말하는 동굴 밖에 있다는, 우리 눈에 보이지 않고, 우리가 알 수 없다는 제 1원인에 대한 설명 모두가 우리가 눈으로 볼 수 있는 현상, 혹은 우리가 사용하는 일상의 경험적 수사와 비유로 구성된다는 점이다. 그러므로 처음부터 이분법의 동굴 이야기는 임시변통makeshift이며, 환상의 이야기이자, 비유 혹은 허구다. 그렇다면 플라톤 이후 2,500년 동안, 이원구조에 터한 모든 서구 전통 담론들(-론, -학, -주의) 역시 허구이며 환(상)이자 비유다.

플라톤의 제자인 아리스토텔레스 역시 이분법을 사용했다. 그러나 그의 이분법은 생물의 성장 패턴에 근거하고 있다. 그가 《시학》에서 강조한 시詩의 '유기적 통일성'이 그러하다. 그는 플라톤이 상정한 이데아를 삭제하고 경험주의적 입장을 취했다. 즉 아리스토텔레스는 플라톤이 상정한 이데아나 진실한 존재, 즉 실체Ousia를 동굴 안으로 끌어들였다는 뜻이다. 그러나 아리스토텔레스 역시 이분법을 고수했다. 즉 동굴 안을 질료質料Hyle와 형상形相Eidos으로 나누었다. 책상의 질료는 나무 성질 그 자체이고, 형상은 책상의 모양이다. 또한 질료는 가능태可能態Dynamis, 그리고 이 가능태가 특정적이며 구체적인 모습을 갖춘 상태를 현실태現實態ernergia 혹은 완성태完成態entelecheia라 했다. 이렇게 해서 아리스토텔레스도 플라톤처럼 이분법을 그대로 사용했다. 그러나 플라톤처럼 아리스토텔레스 역시 질료와 형상의 이원도식을 명확하게 설명하지 못했다. 풀리지 않았던 이러한 이원구조의 문제점은 서구철학사 내내 발생한다. 라이프니츠에 따르면, 우주와 세계는 수많은 단자單子monad로 구성되는데, 물질적 최소단위인 원자原子atom는 다른 원자와 긴밀한 협력 관계를 갖는데 비해, 단자는 고립된 채, 물질적·경험적 세계에 속한 것이 아니라는 것이다. 그래서 그는 '단자에는 창窓이 없다'고 했다. 여기서도 이원구조가 밑절미가 되었다. 원자는 물질적인데 반해, 단자는 비물질적이라고 전제했기 때문이다. 그러나 서로 대조되는 이 둘이 어떻게 상호 지속되는가라는 물음에 라이프니츠는 신의 예정조화豫定調和harmonie préétablie로 설명하면서 신학에 의지했다. 그런가 하면 유명한 이원론자인 데카르트는 정신과 육체는 인간의 뇌 안에 있는 송과선松果腺pineal gland에서 만난다고 했다. 이 모두는 우화(허구)에 불과하다.

이렇게 심각한 문제점을 지니고 있었던 이원구조가 서구철학사

2,500년간 거대한 뿌리로 내려앉은 배경은 기독교다. 예수 사후, 엄격한 율법을 통해 신으로 다가갈 수 있다는 유대교와는 달리, 기독교는 만인평등과 사랑을 앞세우며, 믿기만 하면 천국으로 간다는 확신 때문에 특히 억압받았던 계급, 예를 들면, 여성이나 어부 등 가난한 일반 하층민들 사이에서 급속히 퍼졌다. 또한 초기 기독교는 사후의 문제에만 열중하고 정치적 문제는 건드리지 않았기 때문에 매우 빠른 속도로 확산되었다. 마침내 기독교가 313년 콘스탄티누스 대제의 밀라노 칙령에 의해 로마 국교가 되자, 기독교를 논리적으로 방어하기 위해 기독교의 교리敎理 및 교의敎義를 체계화해야 하는 교부철학scholasticism·scholarism의 필요성이 대두되었다. 이때 그리스 철학자들이 사용한 이원구조를 신의 존재를 증명하는 신학에 사용했다. 이를 주도한 사람들이 교부敎父schoolman들이었다. 이들은 이원구조의 문제점을 그대로 안고 가야 했다. 이것이 중세 스콜라 철학이다. 스콜라는 교회 부속학교 혹은 신학대학이고, 교부들은 여기서 기독교를 논리적으로 증명하기 위한 논리를 가르치는 사람을 뜻한다. 이렇게 해서 이원구조는 신학의 논리, 즉 신학에 봉사하는 신학의 노비奴婢ancilla theologiae로 전락했다. 플라톤의 존재론Ontology의 최종 존재, 즉 이데아를 스콜라 철학(신학)은 하나님으로 대체했다. 즉 기표(단어)만 바꾸어 여전히 플라톤의 이원구조를 사용, 신의 존재를 증명하려 했다. 그 결과 '중세 철학은 플라톤과 아리스토텔레스 철학, 그리고 기독교를 하나의 동일한 비전 속에서 하모니를 이루기 위한 긴 시도였다'(《철학사 1》 54). 이러한 시도는 중세에서 끝난 것이 아니다. 그 후 르네상스 시대에 와서 스콜라 철학은 약화되었으나, 신은 하늘에 있는 것이 아니라 자연 속에 있다고 전제한 신의 존재 논증을 위한 이분법은 그 후에도 장기간 그대로 사용되었고, 이러한 이분법은 20세기 구

조주의에 와서 더욱 강화되었다.

데리다가 이원구조를 비판하면서, '한 번도 발생한 적이 없는 과거가 미래에 온다고 주장한다'고 한 이 말은 기독교가 이원구조(폐쇄된 허구)를 강화한 삼단논법(변증법)을 사용해, 역사에서 실제로 일어나지 않은 신화를 마치 실제로 일어난 것처럼 만들었다는 뜻이다. 즉 하나님(정正, 이데아, 동굴 밖)의 독생자로 탄생한 예수가 인류를 구원하기 위해, 하나님으로부터 떨어져 사람으로 이 세상의 험난한 곳(반, 감각계, 동굴 안)에서 고난 끝에 순교 후, 다시 하나님(정, 이데아, 동굴 밖)으로 되돌아가서, 하나님과 하나 되고(정반합의 합일), 또다시 예수가 인류 구원을 위해 재림한다는 신학의 시간표는 전적으로 이원구조와 이를 강화한 허구의 정반합의 삼단논법에 맞춘 것이기 때문에 실제로 발생했던 일도 아니며, 앞으로도 발생하지 않는다는 뜻이다.[6] 하나님의 독생자 예수가 모든 것의 기원, 즉 하나님으로 되돌아가 합일한다는 스콜라 철학은 그리스 철학에서 차용한 폐쇄된 이원구조를 강화한 삼단논법이라는 허구 안에서만 가능하기 때문이다.

기독교를 국교로 하는 서방 국가들이 배출한 철학자들은 당연히 기독교인들이었다. 중세 스콜라 철학 이후 근대 서구의 대표 철학자들, 데카르트, 칸트, 헤겔, 하이데거는 물론 심지어 바디우Alain Badiou까지 모두 기독교인이다. 수없이 많은 신학대학 교수들은 말할 것도 없고, 지금 서구의 각 대학 철학과 교수들 역시 정도의 차이는 있지만, 마찬가지다. 영어 표현에 '그건 그의 종교였다'라는 말이 있다. 이는 그것

6 이런 말을 데리다로 부터 그대로 옮긴다고 해서 필자가 《성경》을 폄하하는 것은 절대 아니다. 필자가 20대 중반, 극작가 B. 쇼Shaw에 관한 논문을 쓰는 과정에서, '때가 오면 모든 여종女從의 머리 위에도 신을 내리리라'는 《성경》의 말을 우연히 접하고 얼마나 힘과 감동을 받았는지 모른다. 그리고 이 《성경》의 말은 70 중반이 된 지금까지 한국여성인 필자의 가슴에 깊이 박혀 있다.

이 무엇이든 따지지도 묻지도 않고 무조건 절대적으로 믿고, 온갖 희생과 죽음까지 마다하지 않고 이를 실천한다는 뜻이다. 수많은 서구 철학자와 대학의 철학 교수들의 종교가 기독교라면, 그들이 무슨 수를 쓰더라도 이원구조와 이에 기초한 모든 종류의 -론과 -학을 고수했다는 것은 당연하다. 또한 교수들과 지성인들의 직분은 자신이 속한 나라의 종교와 건국이념을 논리와 말로 방어하는 것이다. 이들을 나무랄 수만은 없다. 이들에게 월급을 주고 지식인들로 대우해주는 곳이 자신들이 속한 국가이기 때문이다. 이런 이유로 2,500년 동안 당연히 이 과정에서 모순을 감추는 공모가 있었다. 바로 이 사실을 데리다는 그의 저서 약 90여 권에 걸쳐 펼친 '방사선 검사'로 비유되는 그의 독법으로 드러냈다. 이런 이유로 데리다와 서구 전통과 종교 및 이데올로기와 건국이념을 고수하는 많은 서구 학자들 사이에는 엄청난 갈등과 논쟁이 존재했었고, 이런 상황 하에서 데리다는 생전 시는 물론 죽는 순간까지 이들과 끝나지 않은 일대다의 접전을 끊임없이 치러야만 했다.

7. 이원구조의 폐쇄 궤도를 초과하는 방식

❁ 이원구조의 내부(정正)=외부(반反)

이원구조를 집대성하고 이를 강화한 헤겔의 변증법은 정正으로 가기 위해서는 반反을 계속 제거해야 한다고 주장했다. 우리가 앞에서 일별한 대로, 서구의 음성중심주의 역시 말 vs 문자라는 이분법을 만들고, 문자(반)를 제거할 때 순수한 말(정)을 되찾을 수 있다고 주장했다. 서구의 모든 전통 담론들은 정과 반의 기표만 무수하게 바꾸면서, 이원구조를 따랐다. 그래서 니체는 서구 철학사는 단순히 '수사의 이동'이라 했다. 화이트헤드는 '서구철학사는 플라톤 철학의 긴긴 주석에 불과하다'고 말했다. 데리다는《그라마톨로지》에서 변증법의 정과 반은 동일하게 폐쇄된 이원구조에서 태어난 것이기 때문에 정과 반은 서로의 더블이며, 이 둘은 결국 동일하기 때문에 이원구조를 해체했다. 아래는 서구 철학사 2,500년 동안 이원구조를 따른 서구 인문학자들이 정과 반을 상이하게 반복한, 수없이 많은 기표들 중 극히 일부다.

정正	**vs**	**반**反
정신	vs	물질
음성(말씀)	vs	문자
음성중심주의	vs	그라마톨로지(문자학)
기의	vs	기표
무의식	vs	의식
초월(무한)주의	vs	경험주의
현전	vs	표상
선험성a priori	vs	후험성a posteri
보편성	vs	개별성
표현	vs	표지
존재	vs	존재자

서구 전통 인문학 전 분야, 그리고 정신분석학과 인류학은 물론 미학까지가 모두 이분법에 터해 있다(《입문》163). 그리고 늘 왼쪽 것을 위해 오른쪽 것이 제거되어야 한다고 주장했다. 그런데 이분법은 겉으로는 정확하고 명확하기 때문에 저항할 수 없는 유혹이다: 낮과 밤,

사랑과 증오, 남자와 여자, 선과 악, 그리고 눈에 보이는 것과 눈에 보이지 않는 것 등. 바로 이러한 명확성이 서구중심주의 형이상학을 위해 편리하게 작용했다(415/294). 그래서 '이원구조에 터한 로고스 중심주의는 영원하다'고 데리다는 말했다. 이처럼 영원히 존속된다고 데리다 자신이 말한 로고스 중심주의를 데리다는 해체한다. 이유는 간단하다. 이렇게 명확해 보이는 이원구조의 편리함을 따르고 이에 의존한 담론들은 엄청난 한계를 지닌 채, 죽음(유령, 환)으로 귀착되기 때문이다. 이 사실을 서구 철학자들은 정도의 차이는 있지만, 알고 있었다. 그러나 여러 가지 이유로 모른 체하거나 덮어두었다. 혹은 이 사실을 파헤치려 했던 사람들도 전략의 미비로 되려 이원구조에 되잡히는 형국이 매번 발생했다. 레비나스, 마르크스, 주네, 아르토 등이 그 예이다. 이런 상황에서 2,500년 간 서구 담론의 뼈대였던 이원구조 해체는 너무나 방대하고 어려운 수술이다. 그러나 데리다는 모른 체하며 덮어두지 않았고 이를 파헤쳤다. 이미 앞에서 언급한 대로 《그라마톨로지》를 포함, 그의 전全 저서 약 90권에 걸쳐 '방사선 검사'와 모든 층위에서의 이중 전략, 그리고 다양한 해체적 글쓰기로 서구 인문학사에서 각 시대를 대표하는 철학자들—플라톤, 데카르트, 칸트, 헤겔, 하이데거, 레비나스 등—의 수많은 담론들이 이원구조에 터해 있기 때문에 하나같이 죽은 유령(환)만을 산출한다는 사실을 밝혀냈다. 데리다의 이러한 해체적 접근은 엄청난 양의 독서는 물론, 고도의 다양한 이중 전략과 다양한 층위에서의 해체적 글쓰기, 끝없이 펼쳐지는 현란한 언어유희, 망망하고 정확한 역사적 조감, 예민한 감성과 정교한 분석력('방사선 검사'), 그리고 무엇보다도 쉽게 흉내 낼 수 없는 정직성과 용기가 필요하다. 데리다 해체에 대한 상당히 많은 서구 학자들의 비토와 반감은 자신들이 2,500년간 신주를 모셨던 신당을 데리다가 감히 그것도 혼자 힘으로 철거하려는 데서 유발된 것이다. 다른 한편으로는 적지 않은 서구 학자들은 직접적인 반감을 감추고, 유화적 제스처로 데리다 해체를 여전히 서구 전통 담론인 초월론을 완화시킨 유사 초월론으로 규정했다. 용어가 부드러워졌는지는 모르지만, 유사 초월론과 초월론, 이 둘은 동일하다. 둘 다 이원구조에 터해 있기 때문이다.

곧 아래에서 보게 되겠지만, 폐쇄된 이원구조 안에서의 정과 반은 동일하다. 그러므로 헤겔은 절대정신을, 그리고 루소는 현실적이고 경험적 현상인 사회, 교육, 언어, 정치 문제를 다루었지만, 헤겔의 절대정신의 이상주의와 루소의 경험주의는 사실 동일하다. 둘 다 폐쇄된 이원구조 안에 있기 때문이다. 그러나 서구 전통 철학은 이 둘이 서로 다르다는 '알리바이'를 제공하며 '공모'했다. 이 결과 서구 전통 혹은 심지어 반전통적으로 간주되는 철학과 문학까지 헤겔의 변증법 안으로 모두 흡수되었기(《데리다와 문학》 77-96, 228-246) 때문에, 데리다는 변증법을 '무적無敵의 개념기계'라 칭했다. 그러나 바로 앞에서 제시한 이분법은 물론, 모든 짝 개념은 지엽적 한계, 즉 이원구조라는 폐쇄 체계 안에 똑 같이 갇혀 있기 때문에 둘은 동일하다 (73/50). 그래서 데리다는 내부(정正)=외부(반反)(46/30, 52/35, 65/44, 308/215, 400/283)임을 수도 없이 상이하게 반복 했다. 이것을 그림으로 그려보자. 아주 간단하다. 아래 그림에서 보듯 폐쇄된 사각 안을 둘로 나누면 ①과 ②는 동일하다. 그러나 2,500년 동안 서구 전통 철학, 신학, 정신분석학, 구조주의는 동일한 이 둘은 서로 정반대라고 주장하며 반을 제거해야 한다고 주장했다. 서구 전통 인문학 담론(신학)을 보호하기 위해.

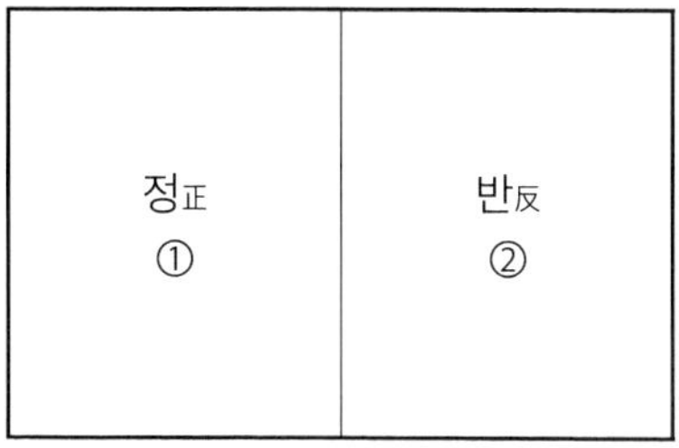

이 폐쇄된 사각의 공간을 둘로 갈라 한쪽을 정, 다른 한쪽을 반으로 정하는 것은 논리적이지도 상식적이지도 않다.[7] 이는 사발에 담긴 물을 반으로 가르는 것조차 불가능하지만, 서구 철학은 정正①은 지켜야 할 좋은 물, 그리고 반反②는 제거해야 할 나쁜 물로 규정하는 것과 다르지 않다. 이 뿐만이 아니다. 변증법은 존재하지도 않는 정과 반을 정해 놓고, 서로 다르다고 하고서는 서로 건너다니기도 하고, 거꾸로 뒤집기를 반복했다(《산포》 158/127). 이러한 사실을 데리다는 다음과 같이 극화했다.

7　데리다 해체가 이원구조의 정과 반을 둘로 가르고 반을 제거하는 것이 불가함을 주장하는 것 역시 상식에 해당한다. 변증법이 주장하는 필연 vs 우연은 성립하지 않는다. 《로미오와 줄리엣》, 그리고 심지어 대중영화 《애수Waterloo Bridge》에서도 사랑(정正)과 죽음(반反), 이 둘은 마치 두 개의 줄이 새끼줄 꼬이듯 진행된다. 흔히 우리가 말하는 '운명적 만남'은 여러 번의 우연으로 완성되지 않던가. 그러므로 변증법이 주장하는 대로, 우연(반)을 잘라내면 필연(정)도 잘려나간다. 그래서 '이분법은 폭력'이라고 데리다는 주장한다.
이원구조의 불가능성은 불교에서는 기초 공부 중에서도 기초 공부에 속한다. 이뿐만이 아니다. 우리에게는 이미 오래전에 이기일원론이 있었다. 우리가 심심하면 읽는 《채근담》에도 이원구조를 해체하는 구절은 흔하다: '진공眞空은 불공不空이며, 집상執相은 비진比眞이며, 파상波相 역시 역비진亦比眞이다.' 혹은 '황금은 조광彫鑛에서 얻고, 옥은 조석彫石에서 나온다.' 그러므로 거친 대지와 현실을 못 본체하는 관념주의자, 순수주의자, 혹은 초월론자로 자처하는 사람들을 다음과 같이 매섭게 질정했다: '술 가운데서 도를 얻고, 꽃 속에서 신선神仙을 만났다고 함은 비록 풍아한 듯하지만, 능히 속됨을 떠나지 못한 것이다.'
이 뿐만이 아니다. 유명한 지질학자이자 모태 기독교인도 이원구조의 허구성을 지적했다: '물질 속에 이미 생명과 정신의 소질이 들어 있으므로, 물질과 정신은 하나이며, 물질과 정신은 서로 교환 관계에 있다'(장기홍 90, 221).

플라톤은 자신이 약[대체]에 의지하고 있음을 알고 이를 분석하려 했다. 그러자 그의 약방[폐쇄의 사각] 전체의 모습이 투영[허구]되었다. 거기에는 플라톤주의라는 죽은 유령들의 그림자가 되풀이해 나타났다. 플라톤은 귀를 쫑긋 세우고 두 개의 울림을 구별해보려 했다. 어느 것이 진짜이고 어느 것이 가짜인지를 가리기 위해서. 한 손에는 파마콘을 들고 다른 손에는 깃펜을 쥔 채. 플라톤은 그 반복이 진행되는 공식을 기록하면서 중얼거렸다. 그러자 … 말과 문장은 산산조각이 나 흩어졌다. 의미를 알 수 없는 말의 파편들이 어지럽게 돌면서, 한두 차례 회전한 후 멈추더니, 서로가 서로를 번역하고 재결합하다가, 다시 상대를 튕겨 냈다. 서로 모순되고, 골치를 썩이고, 고자질하고, 그러다 다시 물음에 응하듯 돌아와서, 서로 교환한 것을 정리하고, 서로를 비호하고, 자체 안에서 각기 다른 게임을 벌이면서, 이것을 바로 대화라고 여겼다. 이렇게 해서 의미들이 끝없이 생성되었다. 이것이 서구 역사와 서구철학의 전부다. (《산포》 211-212/169-170)

정과 반, 이 둘은 서로 동일하기 때문에 변증법이 주장하는 대로, 반을 계속 잘라버리면, 정도 함께 잘려나간다. 변증법이 주장하듯, 우연(반)을 잘라내면, 변증법이 중시하는 필연(정) 역시 함께 잘려나간다. 그래서 데리다는 변증법을 '폭력'으로 간주한다. 반을 계속 잘라 제거한 결과, 변증법이 산출하는 것은 폭력적 무無[8], 우愚folly·fou, 추상, 그리고 폐쇄된 이원구조 안에서 맴돌기만을 계속하는 유령이다(이 책 141). 이것이 바로 서구 전통 철학소와 서구 철학의 지평을 끌어내는 자본(반어법)이었다. 그러나 이것은 약인 동시에 독이다(이중성). 존재하지만 존재하지 않는 것(이중성), 즉 환 혹은 유령[9]을 산출한다.

---

8 위의 '무'는 폭력적이지만, 차연의 또 하나의 상이한 반복인 '무'는 유희다(이 책 95). 데리다 해체 전략 중 하나가 이중 입장과 상이한 반복임을 우리는 앞에서 이미 지적했다. 데리다가 사용하는 중요한 단어는 늘 이렇듯 이중적 의미를 갖는다. 따라서 단어가 놓이는 콘텍스트를 유심히 살펴야 한다. 이 역시 인문학도들의 상식이자 의무다.

9 데리다가 사용하는 '유령'도 '무'처럼 이중적이다. 우선 유령의 속성은 존재하지만, 존재하지 않는다는 점에서 이중적이다. 동시에 폐쇄의 이원구조 안에서 맴돌기만을 하는 유령(유령론의 주인공)이 있는가 하면, 이원구조에 옥죄이지 않은 유령도 있다는 점에서도

데리다는 변증법의 정과 반이 서로 동일하다는 말을 상이하게 반복했다: '외부는 이미 너무나 내부이고, 내부는 이미 너무나 외부다.' 즉 변증법이 외부이기 때문에 잘라내야 한다고 주장한 반은 사실 사각의 폐쇄 안에 있기 때문에 너무나 내부다. 동시에 전통 철학자들이 순수하다고 간주한 정신, 즉 내부(정正) 역시 폐쇄된 사각 안에 있기 때문에, 서구 전통 형이상학이 폐쇄 밖에 있다고 전제하고 주장했던 순수 정신은 실인즉 폐쇄된 이원구조 안에 있기 때문에 서구가 말하는 순수정신과는 너무나 이질적이어서, 즉 외부 체계의 효과여서 순수 정신과는 아무 관계가 없기 때문에 너무나 외부적이다. 그래서 데리다는 '외부는 내부를 그대로 모방한다', '둘은 서로를 비추는 거울', '둘은 서로의 더블'이라고 표현했다. 상이하게 반복된 이러한 표현 모두는 변증법의 정과 반은 동일하다는 뜻이다.

이런 이유로 이원구조에 터한 전全 서구인문학 담론의 무근거를 드러내는 것이 데리다 해체다. 이원구조에 터한 보편성 vs 개별성 또한 근거가 없다. 이원구조가 전제한 보편성은 항상 경험적 힘에 의해 독점된 것이다(192/132). 또한 경험주의 vs 무한주의, 이 둘은 단어의 선택이자 단어(수사)의 차이일 뿐이다. 이 둘 역시 이원구조라는 허구 안에 똑같이 갇혀 있기(73/50) 때문에 동일하다(17/8). 그런데 이 사실을 이원구조에 터해 자신들의 철학을 구축한 칸트와 하이데거도, 그리고 변증법으로 서구 전통 철학을 집대성하고 강화한 헤겔도 사실은 정신(정)과 물질(반)에는 질적 차이가 없음을 알고 있었지만 감추었다(《유령읽기》 116-117). 이런 이유로 동일한 두 개, 즉 폐쇄 속의

이중적이다. 후자의 유령을 데리다는 '미래적 이방인', 혹은 '이것'으로 규정했다(《유령읽기》 179-188). 동일한 단어도, 자체적으로, 그리고 혹은 놓이는 콘텍스트에 따라 의미가 달라진다. 이 역시 인문학도들의 상식이다.

내부(정, 말씀)와 폐쇄 속의 외부(반, 문자)는 단순히 수사의 유희 혹은 결정이지만, 서구 전통 철학자들은 신학('태초의 말씀')을 보전하기 위해 둘은 서로 반대되는 것이라고 주장했다.

이의 결과는 무엇인가? 2,500년 동안 서구 전통 담론의 뼈대가 된 이원구조는 '서구의 환각'(110/75)에 따른 모순에도 불구하고 '백과사전적 보호'(31/18)와 '공모'(120/80, 400/283)로 지속되었고, 이로써 이원구조는 서구 전통 인문학의 '함정', '인식론적 장애' 그리고 '녹청'이 되어 서구 '철학의 죽음'의 원인이 되었으나, 이 '죽음'조차 보지 못하게 했다. 이뿐만이 아니다. 바로 이 이원구조는 긴 역사에서 시대를 앞서갔던 과학자와 철학자들에 대한 박해와 처형은 물론, 마녀 사냥과 세계사에서 가장 길었던 전쟁인 종교전쟁을 발발시켰고, 20세기에 들어와서는 이데올로기로 촉발된 세계대전, 모든 종류의 인종 및 성 차별주의, 서구우월주의, 그리고 유대인 대학살pogrom이라는 죽음과 폭력의 이론적 인자(허구, 환)였다. 이원구조에 터한 담론들은 현실과 역사에서 실제로 죽음과 폭력을 정당화하고, 모든 종류의 차별주의를 가르친다(《데리다와 문학》 107-108, 111-191)고 데리다는 절규했다. 데리다 자신이 바로 인종차별주의의 피해자이기도 했다.[10] 영Robert Young은 데리다의 차연(해체)은 유대인 대학살에 대한 지속적이고도 끈질긴 비판이며, 전체주의에 대한 저항과 전복이라 했다. 데

---

10 그러나 지금 유대인들이 어떻게 힘있는 많은 서구인들의 뒷목을 잡고 있는가를 보라. 우리는 이 방법에 주목하고 이것을 배워야한다. 순하고 착해서 복종만 하다가 이에 따른 비극적 결과에 우는 것만으로는 아무것도 이룰 수 없다. 필자가 안중근 의사처럼 애국자여서 하는 말이 아니다. 필자 개인의 가격은 국가의 가격에 의해 결정되기 때문에 하는 말이다. 이 반대는 불가능하다. 부분(개인)은 전체(국가)에 의해 결정된다. 이 사실을 투명하게 보지 못한다면, 그(녀)는 심각한 근시안이다. 그러므로 근시안에서 벗어나 국민 각자는 시간과 돈이 전혀 들지 않을 뿐만 아니라, 감옥에 갈 가능성도 전혀 없는 구체적인 결정과 행동을 평생 해야 한다. '그렇다면 필자는 무엇을 하는가'라고 묻는가? 정말 궁금하면 필자에게 연락하기 바란다.

리다는 자신의 소문자 해체(들), 혹은 차연들은 '로고스의 제국주의, 형이상학과 신학, 그리고 음성중심주의'(12/3)를 전복하기 위한 것이라 했다. 이런 이유로 데리다는 이미 초기 저서인 《그라마톨로지》에서 '해체[차연]는 정의다', '차연[해체] 없이는 정의도 없다', '모든 것은 다 해체될 수 있어도 정의는 해체될 수 없다', 혹은 '차연[해체]은 윤리'라고 선언했다.

그렇다면 우리가 지금부터 논할, 데리다가 그의 다양한 해체적 글쓰기와 이중 전략들로 폐쇄의 사각을 해체한 후의 사각의 모습은 어떤 것일까? 뒷쪽에서 보듯, 데리다는 거의 다 부서진 사각을 매 쪽마다 그려 넣었다(《그림》 21-167/17-147). 이유는 이원구조로 폐쇄된 사각을 허물고자 하는 데리다의 염원이 그만큼 강렬했기 때문이다. 이원구조는 폭력을 유발하기 때문이다. 그래서 끊임없이 지속되는 상이한 반복, 데리다의 장광적長狂的hyperbolic 문체는 폐쇄를 해체하고자 하는 그의 강렬한 염원과 열정의 소산이자 증표다. 그러나 사각을 완전히 다 없앨 수는 없다. 데리다 역시 기존의 언어와 틀을 이용해야하고 이의 '흔적'(이 책 97)을 남겨야하기 때문이다. 기존의 틀과 로고스중심주의의 언어와 이중적 관계를 유지하면서 해체를 진행해야한다는 사실을 데리다는 강조하고 또 강조했다. 왜냐하면, 이렇게 하지 않을 경우, 해체는 실패하기 때문이다. 그래서 자신의 해체 역시 사각의 틀 안에서 로고스중심주의의 언어로 진행할 수밖에 없다. '우리에게는 로고스중심주의 언어뿐이 없다.' 데리다는 이원구조의 폐쇄된 사각을 시체를 담는 관(죽음)에 비유했다. 그래서 이 안에 갇혀있는 서구 전통 인문학 담론, -학, -론, -로지 모두를 '경제모방economimesis'이라 했다. '경제'는 죽음을 뜻한다(이 책 107).

si bien qu'en accélérant un peu le rythme on irait à cette collusion : entre la question (« qu'est-ce que l'art ? », « quelle est l'origine de l'œuvre d'art ? », « quel est le sens de l'art ou de l'histoire de l'art ? ») et la classification hiérarchique des arts. Quand un philosophe répète cette question sans la transformer, sans la détruire dans sa forme, dans sa forme de question, dans sa structure onto-interrogative, il a déjà soumis tout l'*espace* aux arts discursifs, à la voix et au *logos*. On peut le vérifier : la téléologie et la hiérarchie sont prescrites dans l'enveloppe de la question

le philosophique enferme l'art dans son cercle mais c'est aussitôt laisser prendre son discours sur l'art dans un cercle.

Comme celle du tiers, la figure du cercle s'impose à l'ouverture des *Leçons sur l'esthétique* et de *L'origine de l'œuvre d'art*. Très différents dans leur visée, leur démarche, leur style, ces deux discours ont peut-être en commun, comme un intérêt commun, d'exclure — ce qui vient alors, du dedans comme du dehors, les former, fermer, border.

Et si c'était un cadre

l'un, celui de Hegel, donne son plus grand déploiement à la téléologie

(《그림》 27/22-23)

❁ '텍스트 밖에는 아무것도 없다'

실증적 과학인 그라마톨로지를 이용하는 동시에 다양한 전략과 이중 관계로 그라마톨로지를 해체하고, 전통 형이상학 담론들의 폐쇄를 '초과'해 '긍정적 앎'으로 나아가는 데리다 해체는 어떤 방식으로 가능한가? 반드시 사각의 책 안에서 진행해야 한다. 이유는 아주 간단하다. '텍스트 밖에는 아무것도 없'(데리다의 밑줄. 227/158)기 때문이다. 또는 텍스트(체계) 밖은 '지적할 수 없는 곳le lieu insituable·unlocatable site'(《글쓰기와 차이》 230/155)이기 때문이다. 플라톤의 용어를 빌리면, 동굴 밖은 우리가 절대적으로 모르는 곳(것)이다. 플라톤이 말한 동굴 밖은 폐쇄의 동굴 안을 안과 밖, 둘로 나누고, 이 둘을 서로 다르다고 착각한 것이다. 그러나 언어로 기록된 역사와 전통 그리고 모든 지식들을 제외하면, 우리가 알 수 있는 것은 없기 때문에 텍스트, 역사, 그리고 전통에 집중해야 한다고 데리다는 끊임없이 상이하게 반복했다. '우리[서구인]는 서구의 음성중심주의, 로고스, 그리고 이의 역사와는 다른 이질적인 언어도 역사도 없다'(위의 책 411/280). 그래서 데리다 해체는 기존의 책 안, 이원구조 안, 전통 안에서 기존의 구舊개념을 이용해 구체적이고도 미식적인 방식과 다양한 해체적 글쓰기, 그리고 이중 전략을 통해, 기존 텍스트에서 읽히지 않았거나 잘못 읽힌 부분을 찾아내, 이를 조명하고 다르게 읽는 독법으로 진행된다(32-3/19, 39/24, 409/289). 이런 이유로 데리다 해체는 반드시 로고스중심주의의 용어와 개념을 지렛대로 사용, 폐쇄의 이원구조 안에서 이원구조를 해체하며(다시 이중 관계), 이원구조 폐쇄의 한계를 인지하는 모험을 감행한다(232/102, 232/162). 역사와 언어 체계 밖으로 나가 무한, 기원, 순수한 말, 혹은 침묵을 추구하는 것이 가능할 것 같고, 때로는 멋있어 보이고, 즉각 문제가 해결될 것 같지만, 데리다에 따르면, 이는 순진하기 짝이 없는 착각이다.[11] 데리다는 폐쇄의 틀 밖에서 폐쇄를 해체하려다가는 오히려 '틀의 먹이proie·prey'가 된다고 여러 번 상기시킨다(31-32/19-20, 38-39/24). 이런 유혹에 넘어간 사람들이 부지기수다. 그 많은 사람 중 한 명이 레비나스다. 이 결과 레비나스의 '얼굴의 형이상학', 즉 종말론은 칸트 이전의 무한주의로 되돌아갔으며, '최악의 폭력'(데리다의 밑줄)이 되어, 몽매주의 나락으로 떨어졌음을 데리다는 조목조목 밝혔다(《글쓰기와 차이》 191/130). 정상적인 소 역시 사각의 밭 안에서 밭갈이boustrophedonic(데리다의 밑줄)를 하지, 밭 밖에서 하지 않듯이(407/287), 정상적인 사람 역시 사각의 텍스트를 꼼꼼히 읽고, 이에 준한 결과를 사각의 공책에 기록하고, 이를 근거로 질문해야 함을 데리다는 강조한다.[12] 이렇게 할 때 변증법의 3의 논리를 초과할 수 있다. 그래서 데리다에게 4는 사각의 책과 공책의 안에서 모든 읽기와 쓰기가 진행되어야 함을 강조하기 때문에, 그리고 해체는 변증법의 3단 논법을 초과하기 때문에 해체의 수를 의미한다.

---

11 이 역시 우리가 이미 알고 있는 상식이다: '호랑이를 잡으려면, 호랑이 굴로 들어가야 한다.'

12 데리다가 질문의 중요성을 강조한 것 역시 상식이다. 무엇보다도 기존 텍스트를 철저하게 이해한 증거는 그 텍스트에 대한 질문으로 드러나기 때문이다. 또 다른 이유는 질문이 현실을 개선할 수 있기 때문이다. 이 역시 상식이다. 우리나라 공영 방송 토론 프로그램의 캐치프레이즈다: '세상의 선한 변화를 갈망하는 당신, 정답이 아니라 질문의 힘을 믿는 당신.' 데리다가 질문을 강조하는 이유 역시 '이 세상의 선한 변화'를 위해서다. 특정 서구 이념이나 특정 서구 종교를 위한 것이 아니다. 아인슈타인은 '1시간 안에 지구를 구제할 수 있는 방법을 찾으라고 요구한다면, 본인은 55분은 질문을 정리하는 데, 나머지 5분은 답에 할애 하겠다'고 했다. 그러나 우리나라 교실에서는 질문은 곤란하다. 진도 나가는 데 방해가 된다는 이유로 눈총 받는다고 한다. 대학생들도 질문하지 않는다. 이유는 이들이 한 학기 수강해야하는 과목이 8-9개나 되기 때문이다. 우리나라 학생들은 질문할 수 없다.

바로 이런 이유로 해체 대상이 되는 기존 로고스중심주의의 논리와 개념을 해체의 발판prise·foothold으로 사용해야(443/314) 하며, '로고스중심주의를 흔들기 위해서는 로고스중심주의의 개념들을 이용해야 하며, 이원구조를 해체하기 위해서는 이원구조가 절대적으로 필요하다.' 또한 '구舊 이름과 개념을 이용해서 이것들을 해체하고 난 후, X로 지우고sous rature·under erasure, 이의 흔적과 길parcours·sillage·pathway은 철저하게 기록해두어야' 함을 데리다는 끊임없이 반복 강조했다(25/14).[13] 이렇게 하지 않고 결론과 요약만을 읽으면, 이전의 무비판적 우와 잘못으로 즉시 미끄러지기(90/61, 《해체》 110) 때문이다. 텍스트와 역사 밖으로 나가는 일이 전적으로 불가능하다면, 어디에서 시작하는가? 지금 바로 이 자리에서 우리가 읽고 있는 텍스트에서부터 시작할 수밖에 없다(233/162). 왜냐하면 그 누구도 기원을 알지 못하기 때문이다.

그러므로 이전의 것을 지운다(해체한다)는 것을 부정적으로 간주하지 않아야 한다. 지운 흔적이 바로 마지막 글자이자, 최초의 글자(38/23)가 되며, 이것이 책에 관한 마지막 철학이며 에크리튀르[데리다의 해체]에 관한 첫 번째 사유(41/26)가 되기 때문이다.

'텍스트 밖에는 아무것도 없다'는 데리다의 이 말은 데리다가 텍스트주의자라는 오해를 낳았다. 그런데 '텍스트'는 손에 들고 있는 텍스트로 끝나지 않는다.[14] 중요한 모든 텍스트는 오랫동안 항상 그리고

---

13 책과 전통을 중시하고, 이를 보관하는 동시에 이에 대한 질문을 통해 기존의 전통과 가치를 변화시켜야 한다는 데리다의 주장을 우리말로 옮기면 '법고창신', 혹은 '온고지신'이다. 이 역시 우리가 이미 다 알고 있는 상식이다.

14 우리나라 사람들이 책(글자) 공부에 그토록 열심인 이유 역시 책(글자)이 현실과 연결되어 있기 때문이다. 이 역시 상식이다.

반드시 정치, 경제, 사회, 교육, 종교, 인문학, 법, 그리고 현실에 절대적 영향을 끼친다. 이를 오래전에 셰익스피어가 언어유희로 웅변했다: '세상world은 단지 글자word에 불과하다.' 이것이 데리다 해체가 개별 텍스트에 그토록 집중하는 이유다. 텍스트를 현실과 역사로 부터 떼어낼 수 없다. 그러므로 데리다 해체는 글쓰기를 통해 역사와 현실에 깊이 관여, 광정匡正한다.

(1) 경험적 방황, 질문, 그리고 치밀한 전략을 동반한 모험

데리다 해체는 구체적으로 '경험적 방황'으로 시작된다. 그러나 여기서 '경험적'이라는 말은 경험적 vs 선험적이라는 이분법에서의 '경험적'을 뜻하는 것이 아니다. 폐쇄(허구)의 이원구조가 전제한 선험은 항상 경험적 힘에 의해 독점된 것(192/132)이기에 동일하다(17/8, 73/50). 데리다가 말하는 '경험적 방황'은 지금의 정치, 경제, 사회, 법에 대한 비판과 모색을 뜻하고, 이에 근거한 질문을 통해 보다 나은 현실로 나아가기 위한 것이다.

해체적 질문들은 절대적으로 훈련이 필요하다. 이러한 훈련은 의미 (부정으로 결정된) 부정[이분법]의 전통에 속하지도 않으며, 아이러니, 소크라테스의 산파술, 신기원epoch, 그리고 회의론과는 다른 것으로, 이러한 질문의 명령에 우리는 복종해야 한다. 질문할 수 있는 자유는 언명되고, 보호받아야 된다. 바로 이 질문을 통해 기존의 일반적이거나, '결정되어 있는', 혹은 끝이 났거나 이미 죽은 [기존 전통] 철학과의 차이를 드러내고, 이 둘 사이에서 투쟁이 시작된다. 이를 통해 힘과 모험의 해체적 질문에서 미래로 향한 전환점이 발생한다. (《글쓰기와 차이》 118-119/80)

따라서 데리다 해체는 질문을 위한 전략을 수반한 모험이다.

차연을 지적한다는 것은 전략적인 문제이자 모험이다. … 이 전략이 모험적일 수밖에 없는 이유는 어떤 목적이나 의도로 모든 움직임을 장악한다든가 재해석을 시도하지 않기 때문이다. … 이런 유희는 종전 철학이 끼친 효과가 거의 끝나는 지점에서 이원구조를 뛰어넘어 끝없이 치밀한 계산 속에서 우연과 필연을 잘 조화시키면서 진행되어야 한다.

이 결과,

차연[해체]은 존재학이나 신학 혹은 존재신학으로 환원되거나 재수용되지 않지만, 이를 포함하면서 기술하고 이것을 넘어서서는 되돌아오지 않는다. 해체는 종전의 형이상학으로 다시 떨어지는 우를 범하지 않는다. 전통적인 의미의 근본 원인이나 원칙의 가장 근원적 원칙 자체에 대한 가치를 문제시한다. 이성 체계 안에서 직선적 논의로 진행되는 철학담화가 아니다. [그러므로] 차연을 서술하는 것은 전적으로 극히 모험적인 전략이다. 문자 영역 바깥에 존재하는 어떤 초월적 진리도 신학적으로 문자 영역을 통제하지 못하기 때문이다. 모험적일 수밖에 없는 이유는 이러한 전략은 최후 목적이나 통제를 위한 주제나 이 분야 발전의 궁극적인 재수용이나 정복을 위한 전략이 아니기 때문이다. … 이러한 전략은 끝이 없는 전략이며, … 경험적 배회다. … 이 배회는 철학 논리 담론이나 이것이 지닌 이원구조의 대칭적 경험주의가 아니기 때문에, 경험주의 담론의 논리를 따르지 않는다. 세상의 유희[차연]는 이런 대칭적인 이분법의 구조와 철학의 종말을 뛰어넘어, 요행과 필연성이 어우러진 치밀한 계산 하에서 진행된다. (데리다의 밑줄. 《여백들》 6-7/6-7, 《해체》 124-125)

데리다 해체, 즉 모험, 배회, 질문, 치밀한 계산, 요행, 그리고 우연과의 조화는 이원구조에 터한 직선적 논리를 끊고 자르며 느리게 그리고 사선적으로 진행하는 해체적 글쓰기—'해체의 열쇠'—를 통해서 가능해진다. 이 결과 이원구조에 터한 모든 종류의 각가지 이름을 가진 -주의, -론, 이의 일반적 통칭은 유령론 모두를 해체할 수 있었다.

(2) 에크리튀르(소문자의 차연, 해체적 글쓰기)의 시작—'해체의 열쇠'

'책의 종말' 뒤에 온 데리다의 에크리튀르는 '차연'을 상이하게 대체하는 수없이 많은 기표 중 하나이다. 동시에 차연을 감안한 여러 가지의 '해체적 글쓰기'를 뜻한다. 또한 '해체적 글쓰기'는 차연이며 해체를 뜻한다. 데리다가 사용하는 단어에 고정된 한 가지 의미만 있다고 생각해서는 낭패를 본다. 한 단어에 하나의 의미가 아니라, 수도 없이 많은 의미가 있다는 것은 사전만 펴보아도 금방 아는 상식 아닌가? 이러한 언어의 성질을 충분히 반영한 데리다의 '해체적 글쓰기가 전통 담론 구조의 폐쇄를 여는 열쇠'(《입장들》 95/70, 《입문》 213-271)다. 데리다의 해체적 글쓰기의 전범은 말라르메S. Mallarmé의 백색 글쓰기다(《입문》 97-101). 데리다는 백색 글쓰기는 '가장 강고하여 가장 변화시키기 어려웠던 형이상학적 전통을 깰 수 있는 역사적 사건'(140/92)이며, 단어의 의미를 분산(산포)시키는 말라르메의 글쓰기야말로 해체를 위해 '가장 신중하고 가장 참을성 있으며, 가장 효과적'(《산포》 255/207)이라 했다.

필자는 데리다가 자신의 다양한 해체적 글쓰기를 '해체의 열쇠'라고 한 만큼 중요하기 때문에 이미 오래 전에 초보 독자들을 위해 아주 간단하게 설명한 적이 있다: 1. 언어유희—단어들의 기계체조, 2. 무순서의 글쓰기—무non텍스트, 3. 상이한 반복, 4. 상호텍스트들 포개기, 5. 거울 글쓰기—미-장-센, 6. 아포리즘(《입문》 219-264). 그러나 서구학자들이 데리다의 해체적 글쓰기에 부여한 별호는 30개가 넘는다(《데리다와 문학》 124-125). 이렇듯 서구학자들이 데리다의 해체적 글쓰기에 지대한 관심을 갖는 이유는 '해체적 글쓰기' 혹은 '차연'이 '해체적 전회'를 가능케 했던 '해체의 열쇠'이기 때문에다. 그러나 데리다의 '해체적 글쓰기'에 대한 30개가 넘는 서구 학자들의 그 어떤 형용이나 별명 혹은 수식도 '해체적 글쓰기'의 특성을 총체적으로 기술하지는 못한다. 데리다는 이러한 '해체적 글쓰기'로 자신의 해체가 다시 이원구조에 함몰되지 않게 하는 동시에 이원구조에 터한 모든 서구 전통 인문학 담론들을 해체할 수 있었다. 그러나 안타깝게도 한국학자들 중 그 누구도 이토록 중요한 데리다의 '해체적 글쓰기'나 '이중 전략'에 대해서는 30년 동안 단 한마디의 언급조차 하지 않았다. 여전히 해체가 무엇what인가에만 관심을 가질 뿐(이러한 시도는 오독으로 끝날 수밖에 없다), 해체가 어떻게how '해체적 전회'를 가져왔는가에 대한 방법how과 전략에 대해서는 한국학자들은 이상하리만큼 무관심하다. 이것이 데리다 해체에 대한 무수한 오독을 30년 이상 양산시킨 중요한 이유의 하나다(이 책 157-185 〈보론〉 참조).

동시에 에크리튀르—소문자 차연들, 소문자의 해체들, 해체적 글쓰기—는 데리다의 대표 서서 《글쓰기écriture와 차이》의 제목의 일부이기도 하다. 통상 책제목은 모두 대문자로 시작하지만, 글쓰기 écriture는 소문자다. 데리다는 자신의 해체는 '소문자로 시작하는 해체들'이라 했다. 이러한 소문자의 에크리튀르는 서구 전통 담론들이 전제한 진리, 기원 혹은 순수가 변증법 과정의 우회로를 통해 되돌아온다는 '언어의 절대 인플레이션'(이 책 50)을 믿고 이원구조에 터한 대문자로 표기하는 모든 서구 전통 담론들을 해체한다.

그러므로 데리다 '해체의 열쇠'인 소문자의 해체적 글쓰기인 에크리튀르écriture는 대문자의 성경Écriture·Scripture의 음성중심주의와 '태초의 말씀'을 해체한다. 왜냐하면 장구한 세월 동안 이 음성중심주의, 신화 혹은 신탁주의는 서구 형이상학으로 부터 '백과사전적인 보호'를 받으며, 서구 중심주의와 우월주의와의 공모로 결착(400/283), 서구인문학 담론을 죽음에 이르게 하는 '인식론적 장애'와 '형이상학의 늪과 녹청'이 되었기 때문이다. 그러므로 소문자의 에크리튀르, 해체적 글쓰기, 차연 혹은 '해체의 열쇠'는 이원구조에 터한 대문자의 서구 전통 담론인 '책'을 해체하고 이에 '종말'을 고한다. 이것이 '에크리튀르의 시작'이며 '에크리튀르에 대한 최초의 사유'(41/26)다.

배스Alan Bass는 1972년에 《그라마톨로지》를 길게 소개하면서, '데리다의 텍스트는 문학적이며, 그 이유는 데리다 해체가 과학적 진리에 대한 근본적 전제에 대한 공격이기 때문'이라 했다. 데리다는 '문학이 먼저'라고 했으며, 말라르메와 발레리, 조이스를 위시한 문학인들이 대철학자들보다 낫다는 말을 서슴없이 했다(《파라》 83, 92). 또한 데리다는 '환대 역시 시적이어야 한다'고 했다. 이것이 데리다의 절친들, 드 만P. de Man, 밀러H. Miller, 베닝턴G. Bennington, 식수H. Cixous 모두 문학전공자들인 이유이며, 데리다를 미국에 초청해 데리다 해체가 세계로 확산되는 계기와 발판을 마련해 준 사람들 역시 문학전공자들이었다. 서구에서는 데리다에 관한 연구가 문학전공자들에 의해 더 활발하게 진행되는 것도 이 때문이다. 니체 역시 그의 생전시 문학전공자들로 부터 더 많은 환대를 받았다.

(3) 이중 입장, 이중 관계, 이중 전략

해체적 글쓰기 외에도 데리다 해체가 성공적일 수 있었던 것은 데리다 자신이 수없이 언급한 대로 <u>이중적</u>(8/Lxxxix-xc) 접근과 입장을 유지하기 때문이다. 기존의 전통 담론과 연결을 유지하면서도 동시에 이것으로부터 떨어지는 이중적 입장을 우리는 데리다 자신의 해체와 그라마톨로지와의 관계에서도 이미 확인했다(이 책 47-48). 데리다는 전통을 중시하고 이에 대한 철저한 기록과 평가를 통해 이전의 전통을 갱신해야함을 강조했다. 즉 우리가 미래로 가기 위해서는 우리의 유일무이한 미래의 근거이자 자원인 이전 전통의 책과 글자를 중시하며 이용하는 동시에 비판 해체해야 한다는 데리다의 입장 역시 이중적이다. 마찬가지로 이원구조 해체는 반드시 이원구조 안에서 진행되어야함을 강조하면서, 이원구조의 폐기는 오히려 이원구조에 되잡히면서 실패하기 일쑤이기 때문에 위험하다고 경고한 것 역시 이중적 입장을 견지하는 것이다. 레비나스, 주네, 아르토 등이 이원구조를 버리려 했기 때문에 실패했음을 그 예로 들었다(《글쓰기와 차이》 4장, 6장과 8장, 그리고 《글라》의 오른 쪽 기둥 참고). 이원구조를 해체하기 위해서는 반드시 이원구조 안에서, 기존 개념을 해체하기 위해서는 반드시 기존 개념을 사용해야 함을 데리다는 반복 강조했다.

데리다 해체가 사용한 '이중적'이라는 말은 또 다른 차원에서도 진행된다. 데리다는 자신을 '역사가'로 그리고 《그라마톨로지》를 철저하게 '역사책'으로 규정했다. 이의 이유는 무엇인가? 아주 간단하다. 약 90여 권이나 되는 그의 저서에서 서구 전통 인문학—철학, 문학, 정신분석학, 언어학, 문학, 인류학, 미학—의 수많은 '책'을 흔히 '방사선 검사'로 비유되는 공시적·구조적 분석을 한 결과, 수없이 많은 시구 담론들이 이원구조에 터해 있기 때문에, 이미 자체적으로 갈라져 봉합이 안 되는 사실, 즉 자동해체되어 있음을 드러냈다. 이 결과 데리다 해체는 망망한 통시적·역사적 조망을 <u>동시에</u> 드러낸다. 그래서 데리다 해체는 공시적인 동시에 통시적이다. 즉 이중적이다. 이렇게 해서 데리다 해체는 엄청난 힘을 발휘하게 된다. 《그라마톨로지》에서는 데리다는 그라마톨로지, 소쉬르의 언어학, 루소의 사상, 그리고 레비스트로스의 인류학이 이원구조에 의지한 결과 갈라져 있는 자체적 모순으로 인해 자동 해체되어 있음을 드러낸다. 따라서 데리다 해체는 수없이 많은 개별 '책'—이원구조에 기반한 서구 전통 인문학 담론—에 대한 공시적·구조적 분석('방사선 검사')이 쌓이면서, 이는 곧 바로 통시적이자 광활한 역사적 조망을 드러내기 때문에 데리다 해체는 이중적이다. 이것이 필자가 이 해설서 〈서문〉에서 '데리다를 읽게 되면 서구인문학사에 대한 거대한 조감도를 얻게 된다'고 말한 이유다. 데리다는 이러한 자신의 이중적 입장과 이중적 전략을 '나는 두 개의 손으로, 두 개의 비전으로, 두 귀로 듣고, 두 개의 텍스트를 쓴다. 동시에 그리고 따로 따로'(《여백들》 75/65), 혹은 '이것이기도 하고 저것이기도 하다', 혹은 '이것도 아니고 저것도 아니다'라고 표현했다.

그러나 데리다가 이중적 입장과 관점을 유지하면서 어느 한쪽으로 고정, 요약되지 않는다는 말은 데리다 '해체가 중성적이며 아무 일도 하지 않는다'는 말이 결코 아니다. 데리다 해체는 실제로 효력과 효과를 발생시키는 입장을 유지한다. 해체는 오로지 미세하고 강렬하며 엄청나게 확장된 분석을 통해 해체적 입장을 증명함으로써 실제적 힘을 지닌다. 이 말은 데리다 해체는 이원구조에 터한 서구 전통 인문학 담론인 관념론 즉 유사 초월론, 이것의 매우 포괄적 별칭인 유령론을 해체하면서, 정치, 경제, 사회 변화를 유도하는 구체적 힘을 지닌다. 데리다가 몰고 온 '해체적 전회'가 서구인문학사에서 지각변동을 일으켰다는 사실이 이를 증명하기에 충분할 것이다.

(4) 끊임없이 움직이며 상이하게 반복되는 차연

데리다의 '차연'은 끊임없이 상이하게 반복되면서 이동하기 때문에 고정되지 않는다. 그리고 데리다는 '차연은 해체'라고 했다. 차연이 고정되지 않는다는 것은 데리다 해체 역시 그 어떤 -주의나 -론으로 고정되지 않는다는 뜻이다. 우리는 상이하게 반복되는 차연(해체)을

■로 표해 이 해설서에서 확인하고 있다. 왜 상이하게 반복되는가? 언어(단어)는 지칭하는 사물의 고유성을 즉각 죽이기 때문에, 또 다른 언어(단어)를 찾아 이동하지 않으면 안 되기 때문이다. 언어가 끊임없이 이동하는 것 역시 상식이다.[15] 그러나 데리다는 다시 이중적이다.

---

15 데리다가 반복 지적하는 '언어의 폭력'과 '언어의 광적 이동'을 구체적으로 그리고 철저히 이해하면 데리다 해체에 대한 이해가 아주 쉬워진다. 왜냐하면 데리다 해체가 바로 이러한 언어의 속성에 기반해 있기 때문이다. 우리는 언어(단어)는 고정되어 있다고 생각한다. 그러나 가만히 생각해보면 언어(단어)는 문제투성이다. 단어는 고정되어 있지 않고 끊임없이 다른 단어로 대체된다. 데리다는 이것을 '언어의 광적 이동'이라 했는데, 그러나 알고 보면 이 역시 상식에 속한다. 사전을 펴고 '사랑'이라는 단어를 찾아보면, '사랑'은 '애모', '정념', '사모', '그리움', '연정' 등 수많은 다른 단어로 이동한다. 왜 이동하는가? '사랑'이라는 글자(기표)는 사랑 그 자체(기의)와는 이질적인 혹은 무관한 문자 체계가 만드는 효과에 불과해서, '사랑'(기의)을 드러내지 못하기 때문에 끊임없이 이동한다. 이렇듯 '언어의 광적 이동'은 '언어의 폭력', 즉 의미의 죽음으로 인해 불가피한 것이다.

예를 보자. 고유명사 상하이Shanghai는 처음부터 상하이라는 장소와는 무관한 기표이지만, 이는 다시 문장에서 동사의 위치로 이동하면서, 철자 하나 바꾸지 않고, '선원이 되다'라는 일반 동사가 되는가 하면, 사람 이름Shanghai Pierce(《O. K 목장의 결투》에 등장한 악한)도 된다. 산동성Shantung 역시 산동성이라는 고유한 지역은 감쪽같이 사라지고(죽음 혹은 폭력), '비단'으로 변한다. 데리다가 '언어의 광적 이동'에 따른 '언어의 폭력'이란 표현은 결코 과장이 아니다.

나의 이름 역시 나만의 고유성이 전적으로 배제되었다. 우선 나와 동일한 이름을 가진 사람들이 많고, 사람의 성이 지명York, 봉제사Tailor, 빵 만드는 사람Baker 인가하면, 여우Fox, 늑대Wolf이기도 하고, 값Price, 북쪽North, 언덕Hill, 갈대Reed, 행운Boon, 종Bell, 돌Stein 혹은 목화Cotton(이것은 성도 되고 이름도 된다)인가 하면, 국가 이름 Ireland도, 동사 찌르다Pierce도 사람의 성이 된다.

동물명도 동사의 위치로 이동하여, 동물과는 전적으로 상관없는 일반 동사가 된다: 말horse은 혹사하다, 뱀snake은 꿈틀대다, 개dog는 바짝 추적하다, 오리duck는 잠수하다, 여우fox은 속이다, 생선fish은 노리다, 수탉cock은 총알을 장착하다, 돼지hog는 게걸스럽게 먹다, 수사슴buck은 기운 나게 한다는 동사가 된다.

가을 잎, 밤 그리고 비, 이 셋은 전적으로 다른 범주에 속하지만, 동사 '떨어지다'는 거침없이 이동한다: 'The autumn leaves fall', 'The night falls', 'The rain falls.' 동사 역시 명사의 자리로 이동하면서, 의미가 달라진다: '문지르다'는 '문제'(There's the rub)로, '서다stand'는 '대결'(the final stand)로. 그리고 '만들다make'와 '믿는다believe', 이 두 동사는 합해져 명사 허구make-believe가 된다.

명사 역시 이동하여 동사가 된다: 역에 사람을 배치하라Man the station. 우리는 여행할 것이다We will journey together. 너와 잘 것이다I will bed you. 너는 그들을 능가 한다 You top them. 나한테 엄마처럼 굴지 마Stop mothering me. 그는 내 아이의 아버지다 He fathered my child. 배에 선원들을 배치하라Man the ship with sailors! 총 쏘는 법을 가르쳐라Teach them how to school the gun. 넌 나를 몰아칠 수 없어You cannot

사물이나 사람을 사상捨象·死傷시키는 언어의 폭력 없이는 우리는 아무것도 할 수 없기 때문에 단어를 버리지 말고, 이것들을 해체적으로 사용해야 한다고 반복 강조한다.[16] 또한 데리다가 사용하는 모든 단어와 용어는 이것이 놓이는 문맥에 따라 상이하게 변한다. 한 단어에 고정된 단일 투명 의미가 있다고 주장하는 것 자체가 매우 형이상학적이며 추상적인 발상이다. 데리다가 '해체의 열쇠'라 했던, 주장이나

---

corner me. 우리의 상처를 치유한다We nurse our wounds.
형용사도 이동하여 동사가 된다: 나는 알아차렸다I sobered up. 물을 비워라Empty out the water. 이 사람들을 체포하라Round up these men! 눈물을 닦아Dry your eyes.
또한 조동사 will은 이동해서 명사인 의지가 된다: The problem puzzles the will. 그런가 하면 조동사 will은 본동사도 된다: 난 기필코 해낸다I will it. 어떤 단어가 옆에 있는가에 따라 감시견a watchdog이 감시인a consumer watchdog으로 변한다.
접속사 while도 이동하면서 동사가 된다: 나는 여기 머문다I while here. 전치사 back도 이동하면서 동사가 된다: 지원하라Back up his position. 부사 forward 역시 이동하며 동사가 된다: 이 편지를 부쳐라Forward this letter. 얼핏 보면, 글자는 고정되어 있는 듯하지만, 사실은 끊임없이 광적 이동을 하면서, 사람과 사물의 고유성은 간곳없이 사라진다(폭력).
이 같은 '언어의 광적 이동', 혹은 '폭력' 혹은 '죽음'을 이해하면, 데리다 해체(차연)가 끝없이 상이하게 반복되는 이유를 이해할 수 있다. 이는 정(기의)과 반(기표)이라는 이분법에서 반(기표)은 정(기의)를 드러내지 못하기 때문에 기의(정)와 기표(반)라는 이분법에 근거한 2,500년의 서구 전통 인문학 담론은 모두 해체될 수밖에 없는 필연적 이유가 있는 것이다. 즉 기표는 언어 체계와 문법이 만들어낸 것(이 책 1부 3. 〈그라마톨로지〉 44-46 참조)일 뿐, 기의는 기표에는 존재하지 않기 때문이다.
이러한 '언어의 폭력'에 따른 고유성의 죽음을 데리다는 《엽서》에서 '이 불[언어의 폭력]로 내 손과 입, 그리고 혀가 타고 있다'고 표현했다. 그런데 이런 비유를 셰익스피어가 이미 먼저 그리고 더 유려하게 표현했다: '나는 양피지 위 펜으로 쓰인, 종래는 불타버리는 글자 형식에 불과하다I am a scribbled form, drawn with a pen/Upon a parchment, and against this fire/Do I shrink up(《존 왕의 삶과 죽음》 V vii 32-35). 그렇다. '태양 아래 새것은 없다.' 그래서 데리다는 자신의 주장이 전혀 새로운 것이 아니기 때문에, 빈번히 자신의 이름 Jacques Derrida을 철자변치해서, 자신(의 주장)은 이미 너무 늦었음 déjà derrière을 독자들에게 끊임없이 상기시켰다. 데리다는 정직하다. 지식인들이라고 해서 다 이러하지는 않다. 그러므로 한국에서도 서구에서도 횡행하고 있는 '지적 사기'를 순진무구한 한국 서구인문학 후학들은 두 눈을 부릅뜨고 살펴야 한다. 모른 채 속을 수는 없지 않은가. 알고 속는 것은 약자로서 잠시 어쩔 수 없는 궁여지책이지만.

16 데리다가 우리에게 끊임없이 환기시키는 사실, 즉 언어가 약이자 독이라는 언어의 이중성은 불교에서는 기초 공부 중에서도 기초 공부에 해당한다. '일체 사물의 이름이 다 거짓으로 이름 한 것이지만, 그럼에도 불구하고 종이와 먹으로 된 경도 마음의 경임을 알아야 한다.'

선언이 아닌, 다양한 해체적 글쓰기의 미시적 기법, 즉 상이한 반복들은 데리다 해체가 이원구조에 함몰되어 고정되지 않게 함으로써, 이원구조에 터한 '태초의 말씀', 로고스, 이성, 절대정신, 존재, 현상학적 목소리, 본질, 원原, 현현, 최종 목적, 현형태, 현존, 그리고 순수, 이것들이 가능하다고 전제하는 모든 (유사) 초월론 혹은 유령론을 해체할 수 있었다.

✾ 초과

상술한 데리다의 미시적·거시적, 혹은 공시적·통시적인 이중 전략들, 다양한 해체적 글쓰기, 모험, 질문, 그리고 상이한 반복의 결과는 무엇인가? 이원구조에 기초한 전통 철학이 추구했던 타자와는 전적으로 다른 타자를 유도한 것이다. 이를 표현한 데리다의 아포리즘(경구)은 유명하다: '전적으로 다른 타자는 전적으로 다르다*Tout autre est tout autre*'(데리다의 밑줄). 이 아포리즘은 데리다 해체의 급진적 비고정성, 혹은 급진적 비결정성을 뜻한다. 이 말은 데리다 '해체는 무한대로 열려 있다'는 뜻이다. 이 때의 '무한'은 서구 전통 철학자들이 의미하는 유한과 대조되는 무한이 아니라, 인간 역사의 발전 가능성이 무한하다는 뜻의 '무한'이다. 이것이 데리다 해체를 과거의 유물인 이원구조에 근간한 로고스중심주의 담론의 재전유나, 이를 수정한 -론, -학, 혹은 -주의, 이의 일반적 별명은 유령론으로 고정할 수 없는 또 하나의 결정적 이유다.

데리다가 여러 번 자신의 해체가 '경험적 방황'임을 강조한 이유는 추상의 이원구조 안에서 안주하지 않고, 수없이 많은 개별 텍스트들을 세세하게 읽고 이의 자체적 모순과 허실을 조목조목 구체적으로 드러내는 동시에 이러한 텍스트의 허실과 모순이 과거의 혹은 기존의 정치, 경제, 사회 현상과 연결되었음을 지적한다는 뜻이다. 그래서 데리다가 진행시킨 '경험적 방황'에 있는 '경험적'이라는 말 역시 경험주의 vs 정신주의라는 이분법에 속하지 않는다. 데리다는 '경험주의야말로 가장 약한 사유'라 했다. 이 결과 이분법을 따르지 않는 데리다의 '경험적 방황'은 수 천 년 지속되어온 정신주의 vs 경험주의라는 이분법에서 말하는 경험주의나 정신주의로 끝나지 않는다(232/162). 이렇게 해서 아무것도 아닌, 빈 '구멍'(이 책 94)에 불과한 차연, 혹은 상이한 대체supplément, 독특한 수사적 전략, 이중 전략 그리고 전대미문의 여러 가지 해체적 글쓰기로 진행되는 데리다 해체는 이원구조의 폐쇄 궤도orbit를 초과한다ex-orbit(233/163). 이런 이유로 데리다 해체(차연, 대체)의 결과는 대단하다exorbitant. 이원구조의 폐쇄를 구체적으로 인지하는 단계인 초과outrance는 텍스트 밖으로의 이탈이나 서구 전통 철학이 전제한 무한이나 초월이 아니다. 데리다는 '초월에 대해 회의적'이라 했다. 무엇보다도 '텍스트 밖에는 아무것도 없'(데리다의 밑줄)기 때문이다. 그래서 데리다는 이원구조의 체계를 초월하려하거나, 혹은 언어와 전통을 무시하거나 버린다는 것은 서구의 역사 및 철학사 자체를 송두리째 뽑아버리는 것과 같다고 했다. 이의 결과는 '최악의 폭력'인 '몽매주의'로 떨어지는 것이라고 데리다는 힘주어 강조했다. 이것이 데리다가 전통과 기존의 책들의 보존 그리고 역사와 정치, 사회와 경제의 실제 상황에 대한 분석을 그토록 중시하는 이유다.

'대단하다ex-orbit'는 폐쇄된 궤도orbit를 초과ex-하는 해체(차연)를 통해 인간 역사 발전 가능성이 무한하기 때문에 대단하다는 뜻이다. 다양한 층위의 이중적 전략과 다양한 해체적 글쓰기 기법으로 데리다는 자신의 해체는 형이상학과 로고스중심주의를 간신히 가까스로par une point·by a hair's breadth 모면했다고 말했다(443/314). 초월도 유사 초월

—둘 다 이원구조에 터해 있기 때문에 이 둘의 차이는 없다—도 아닌 이 초과는 이원구조의 한계를 철저하게 확인하고 인식하는 단계, 즉 '즐거운 앎'(니체)을 뜻한다.

데리다는 이 '초과'를 상이하게 반복했다: '전적으로 다른tout autre', '너머au-dela', '흰색의 개열ouverture'(142/93), '우리가 이미 알고 있지만 아직 오지 않은 것', '이상한 반음영의 흐릿한 빛pénombre'(214/149), '폐쇄 너머에 있는 명명할 수 없는 빛'(25/14), '멀리 있는 검고 낯선 빛'으로. 그러나 직선적으로 움직이는 맹렬한 상어의 움직임—변증법 논리의 직선적 진행 양태—이 아니라, 상어에 비하면, 얼른 보기에 여리기 짝이 없는 문어의 수없이 많은 유연하고도 질긴 다리의 움직임에 비유한 자신의 해체적 글쓰기가 잠시 이원구조의 폐쇄에 구멍을 내지만,[17] 이원구조의 폐쇄는 겹겹이 쌓인다는 사실도 데리다는 동시에 고백한다(《글쓰기와 차이》 11장).

❁ 괴물성

데리다이 해체적 전략으로 '초과'는 현재 규범을 파열시키고, 절대적 위험을 감수하면서, 태어난 해체적 사유를 데리다는 눈도 귀도 없는 모습이어서 괴물스럽다(14/5)고 표현했다. 왜냐하면 지금 우리가 사용하는 용어로는 설명이 되지 않을 뿐만 아니라, 지금까지의 인식과는 너무나 다르고 낯설기 때문이다. '괴물성'이란 여태 한 번도 꿈꾸어보지 않은, 그래서 모험적이며 위험하기까지 한 미래, 그러나 반드

17 생물학계 보고에 따르면, 직진하는 거대 상어(일직선적 논리로 진행되는 전면전, 즉 헤겔의 변증법)와 예측불허의 방향으로 움직이는 여러 개의 다리를 가진 거대 문어(여기저기 예측 불허하는 곳에서, 그리고 방향으로 치르는 데리다 해체의 게릴라전)의 싸움에서 거대 문어가 이긴다고 한다.

시 도래하는 미래다. '괴물성'은 니체가 사용한 말이다. 이 '괴물성'은 지금 우리가 사용하는 로고스중심주의의 언어로는 기술할 수 없는, 이미 앞에서 언급한 급진적 비결정성, 급진적 비고정성을 뜻하는 동시에 변증법의 정반합의 3의 논리와 이의 사변思辨를 초과하는 4의 사유다.

8. 인간이라는 이름

왜 데리다는 서구 신학에 의해 규정된 인본주의를 해체하는가? 서구 인본주의는 알고 보면 반反인본주의이기 때문이다. 변증법이 정과 반에서 반을 제거해야 한다고 주장하는데, 이는 폭력과 죽음이 내재해 있기 때문이다. 서구 형이상학의 이원구조는 허구의 정과 반을 만들어 반을 무한 제거하면 절대정신, 혹은 존재가 드러날 수 있다고 주장했다. 그런데 이 반反을 제거하면 정正도 제거되는 폭력이기 때문이다.

데카르트를 거쳐 칸트 이후까지 서구의 형이상학은 신학적·형이상학적 초월론인데, 이것은 플라톤과 중세 스콜라 철학에 까지 닿아 있다(410-411/290-291, 그리고 이 책 51-54 참조). 그러나 이원구조 폐쇄 안에서의 시공간화(일직선적 논리)는 초월이나 절대 정신으로 유도하는 것이 아니라, 이의 폭력(죽음)이다. 왜냐하면, 서구 전통 철학(신학)은 가능하지도 않은 순수, 기원, 투명성(추상성)을 위해 반을 잘라내야 한다고 주장했는데, 이 반을 잘라낸다는 것은 정까지 잘라낸다는 뜻이다. 그러므로 이러한 서구 전통철학을 집대성하고 강화한 헤겔의 변증법이 주장하는 무한은 나쁜 무한이자, 우愚fou·folly다

(데리다의 밑줄). 그래서 헤겔의 변증법에 의해 완성된다는 절대 진리는 인간의 모든 것을 삭제한다. 이 결과 존재, 현존, 의미, 역사, 철학, 그리고 인간도 없는, 헤겔의 지양止揚Aufhubung을 통한 절대 초월은 폭력적 무無(406-407/286-287)이며 추상화(40/25)다. 존재하지 않는 무를 위해 죽음도 불사하는 폭력을 정당화한다. 추상 그 자체라서 실체가 없고 실재하지 않는 절대초월을 위해 강타와 죽음을 요구한다. 이 결과 서구 전통 형이상학(신학)은 '인간의 글쓰기와 역사가 없는, 그래서 '존재하지도 않는 인간을 인간으로 규정했다'(411/291). 이렇듯 서구 전통 형이상학과 신학이 지워버린 인간의 이름을 회복하기 위해, 데리다는 서구 전통 인문학과 철학이 규정한, 단 하나의 인간과 인문학 그리고 일직선적 논리를 해체한다(데리다의 밑줄. 124/83, 129/87). 그러므로 데리다 해체는 그 실체를 모르는 신을 위한 인간이 아니라, 인간의 삶을 위해, 아포리아(니체가 중시했던 것)와 세상의 유희로 변증법이 압살한 비결정적 에너지와 우연을 되살리는 역동적 유희다(31/18). 이원구조를 강화한 변증법은 반反을 통해 저 너머의 구원을 보장한다고 장번했으니, 되돌아오는 것은 인간의 죽음, 이데올로기 전쟁, 인종차별주의 등의 이론적 인자였으며, 희망고문에 불과함을 데리다는 세세하게 드러낸다(《데리다와 문학》 140-157, 162-169, 191-198). 전통 형이상학이 삭제한 인간의 이름을 복원하려는 것이 데리다 해체다. 이 점에서 데리다 해체는 니체의 생生철학과 상통한다.[18]

---

18 데리다는 니체가 말한 '펜과의 춤', 즉 유동적 글쓰기를 중시했다. 그러나 데리다는 '니체는 도중에서 길을 잃었다'고 평했다. 전략이 미진했기 때문에 니체는 이원구조에 빠졌다는 뜻이다(《입문》 96). 데리다의 언어유희는 니체가 말한 '펜과의 춤'보다 더 섬세하기 때문에 식수Hélène Cixou는 '실러블syllable의 춤'이라 했다.

2부 소쉬르의 언어학과 레비스트로스의 인류학

1. 이원구조에 터한 소쉬르의 언어학이 드러내는 균열과 모순

소쉬르Ferdinand de Saussure(1857-1913)의 언어학은 '인문학의 여왕'(44/28)이다. 구조주의의 최고봉에 있었던 소쉬르 역시 수없이 많은 서구 전통 인문학자들처럼, 기의(음성) vs 기표(문자)의 전통적 이분법을 고수하면서, 음성을 우선시하고 문자를 여러 가지 표현으로 하대했다. 이 결과 엄청난 모순으로 인해 소쉬르의 언어학 담론은 둘로 갈라지면서 자체적으로 해체된다auto-deconstruct.

아래에서 말을 문자의 우위라고 주장한 소쉬르-A, 그리고 이와는 반대로 문자가 말의 우위라고 주장한 소쉬르-B, 이렇게 소쉬르의 담론이 자체적으로 갈라져 있음(자동해체)을 드러냈다. 이것이 이원구조에 터한 모든 서구의 전통 담론이 드러내는 현상이다.

소쉬르-A

① 문자는 단지 소리의 표상에 불과하다. 사람들이 대상 그 자체보다 이것의 이미지에 더 많은 주의를 기울인다는 것은 … 오기誤記에 기인하는 것으로 매우 이상한 일이다(55/36).

② 문자는 로고스 속에 기생하며, 살아 있는 영혼을 파괴시킨다. 문자는 강압적인 침입, 원형적 폭력, 내부에서 외부적인 것의 돌연한 돌출, 비정상적 도치(《해체》 64)다. 문자는 외부에서 침입한 타락, 혹은 사고다. 또한 문자는 가공된 외재성, 즉 상스러운 의복에 비유할 수 있으며, 타락과 위장의 옷, 추방되어야 할 가면무도회용 가면으로 문자는 언어를 은폐시킨다. 문자는 폭군이다. 이는 근본적으로 육체가 영혼을 제압하는 것에 비유할 수 있으며, 문자는 영혼의 수동성을 초래하고, 사악하며, 이러한 도덕적 타락은 정신병리학적 치료를 요하는 것이다(《해체》 71). 그러므로 문자는 반드시 범죄자들이 거주하는 유형지로 추방되어야 한다.

③ 문자는 덫이며, 소리의 자연성을 회복하기 위해서 문자의 덫을 분해해야 한다(《해체》 70).

④ 문자는 자연스러운 음성의 선후 관계를 뒤집어놓았다(55/37).

⑤ 과학과 예술은 문자의 폭력 속에 영주할 것을, 그리고 이 두 분야의 발전 과정은 망각과 타락한 양식[문자]을 신성시하기로 결정했고, 문학은 문자에게 과분한 대접을 하고 있다(《해체》 69).

⑥ 문자는 오리 알을 낳은 암탉이다. 음성언어를 전복, 찬탈, 유린하는 막강한 힘을 지닌 괴물이다(56/38).

⑦ 문자 이미지와 구어가 너무나 가깝게 결합된 결과, 문자 이미지가 구어를 완전히 유린한다(55/36).

⑧ 문자는 폭군이며 폭력이다. 문자의 유혹에 넘어가는 것은 정신이 육체에 항복하는 것으로, 이는 열정 때문이며, 이 열정은 영혼의 질병이다.

⑨ 언어학자들은 철자법을 사용하지 않아야 하며, 문자 기호의 양산을 피해야 한다. 즉흥적이고 자연스러운 음성언어를 보존하고, 증가하는 글자의 미신과 변태를 막기 위해 문자를 제거해야 한다.

⑩ 프랑스어 vingt(20)을 '뱅'으로 읽지 않고 't' 때문에 '뱅트'라고 읽는 것은 철자가 야기한 괴물성이다. 언어학은 괴물적 현상을 특정 구획에 넣어 가두고 관찰해야 한다. 문자는 유린이고 괴물론적teratological 예이기 때문이다. 문자는 자연스러운 영향이 아니라, 외적 영향에 의해 발생된 음성적 기형이자 언어 안에서 생성되는 문둥병이 전염하는 식민지이기 때문이다(62-3/40-2).

이렇듯 소쉬르가 문자를 질타, 비방하는 이유는 '태초의 말씀'(음성중심주의, 신탁주의)에 강박되어 있었기 때문이다. 그리스 때부터 음성은 이성, 논리, 이상, 순수 기원을 뜻한다는 전제는 《파이드로스》(275d)에서 이미 시작되었고, 이것의 기표만을 상이하게 반복하면서 20세기까지 이어졌다. 그러나 이원구조에 옥죄어 있었지만 동시에 이원구조로부터 벗어나는 명민한 소쉬르를 데리다가 포착했다.

소쉬르-B

① 언어는 체계화된 기호로 자연스럽게 자연스러운 의미로부터 분절되면서 가능하다. 이 과정에서 음성은 죽어야 한다. 음성언어가 의미를 갖기 위해서는 글자에 의해 유린당해야 하고, 유린당

하지 않으면, 음성 글자는 존재하지 않는다. 이것이 언어의 숙명이다. 음성언어는 본질적으로 그리고 고유하게 음성언어의 죽음이다(57/39). 그러므로 음성언어 역시 문자처럼 죽음과 함께 자의성, 침탈, 폭력, 재앙, 그리고 해괴함은 피할 수 없으며, 음성과 의미 사이에 있다고 전통적으로 간주(전제)된 자연적 관계는 너무나 자연스럽게 사라진다(63/42).

② 문자가 속임수이기는 하지만, 언어학에 더 도움이 된다. 그러나 바로 이것이 [언어 속성에 관한] 진리로 향하는 첫걸음이다.

③ 소리만이 언어에 속한다는 것은 불가능한 일이다. 활자에 비하면 소리는 언어에 부수적이다. … 본질적으로 언어는 소리 자체가 아니라 개념이다. 언어자체는 … 소리 이미지를 분리시키는 차이의 관계다(《해체》 95).

④ 언어학의 연구 대상은 … 오로지 소리(음성) 언어의 형식[체계]이다(46/31).

⑤ 글자와 문자는 악이지만, 동시에 글과 소리는 서로의 더블로 동일하다. 이는 참을 수 없는 일이지만, 우리가 매료되는 일은 이미지와 대상, 문자와 소리가 너무나 잘 섞여 있어, 소리가 문자의 거울이 되면서 음성의 주된 역할을 빼앗아버린다(55/36).

⑥ 문자소 이전의 음성소는 존재하지 않는다(소쉬르 《아나그람므 Anagramme》).

이렇듯 상반되는 주장을 주기적으로 하는 소쉬르를 두고 데리다는 우리는 소쉬르에 반反하는 소쉬르에 대해 관심을 집중해야 한다고 말한다. 이 말은 문자를 언어의 기원으로 간주하는 소쉬르가 정확하다는 뜻이다. 그러나 소쉬르는 안타깝게도 자신의 언어학 담론에서 주기적으로 드러나는 이런 모순에 대해 충분히 고려하지 않았다는 것이 데리다의 평가다. 이유는?

여전히 소쉬르는 이원구조 안에 갇혀 있었다. 겉[외부]과 속[내부]이라는 관계를 갖게 될 때, 늘 그러하듯, 결코 순수한 겉이 되지 않는다. 외부는 이미 내부 속에 존재하며, 외부의 외부에 갇혀 있고, 내부는 외부 속에, 내부의 내부에 갇혀 있다. (《해체》 65, 이 책 55-62 ❁ 〈내부=외부〉)

아래는 둘로 갈라진 소쉬르에 대한 데리다의 총평이다.

소쉬르가 서구의 움직일 수 없는 형이상학 전통을 따랐기 때문에 보았지만 보지 않으려고 했던 것, 고려할 수 있었지만 고려하지 않았던 바로 문자 모델이 … 언어 체계를 표상하는 도구가 된다는 사실이었다. (63/43, 《해체》 79)

그리고,

그라마톨로지[문자학]는 … 언어학 속에서 언어학을 지배하며 언어학 속에 내재하고 있었다. 그렇다면 언어학 경계 밖으로 쫓겨 나간 것, 즉 추방당해 떠돌아다녔던 것[문자]이 바로 언어의 존재를 가능케 하는 첫 번째이자 가장 긴요한 요인으로 언어 자체를 매료시키고 있는 것이다. … 문자 이외에는 아무것도 아닌 이것이 바로 언어의 기원으로 소쉬르의 언어학 담론 속에서 스스로 쓰였다. … 바로 소쉬르의 《일반 언어학 강의》 6장에서 소쉬르가 유린과 덫이라고 혹평한 바로 그 글자와 문자에 대한 심오하고도 진실한 설명이 싹트고 있음을 볼 수 있다. (64/44, 《해체》 80)

■ 자의성

소쉬르의 '심오하고도 진실한 설명'은 바로 언어의 제1의 속성은 자의성unmotivated·arbitrary이라는 선언이었다. 자의성이란 언어는 문법 체계에 준한 것이기 때문에 언어(단어)가 지칭한다는 대상의 본질과는 아무런 관계가 없다는 뜻이다. 한국어 문법과 문자 체계 안에서 만들어진 한국어 '책상'은 책상이라는 대상의 (물)자체 그 어떤 것도 지칭하지 못한다. '자의적'을 데리다는 '외재적'이라고도 표현했다.

이렇듯 언어는 자의적 혹은 외재적이지만, 그러나 결코 나 개인이 자의적으로 단어(언어)를 만들 수도 사용할 수 없다. 남과 의사소통을 하기 위해서는 절대적으로 문자의 체계와 문법을 따라야하기 때문에 결코 자의적이 아니다. 문법의 법은 모든 법처럼 엄혹하다. 나의 어머니는 다른 모든 어머니와 너무나 다르기 때문에 '머머니'라고 계속 주장할 수 없다. 따라서 언어의 생성과 속성은 자체적으로는 자의적이지만, 문법을 따라야 하기 때문에 결코 자의적이지 않다. 이것이 언어의 이중적 속성이다. 이 사실을 데리다는《그라마톨로지》에서 되풀이해 환기시켰다.

■ 차이, 분절, 경첩

차이差異difference와 분절分節articulation(96/66)은 언어를 가능케 하는 첫 번째 요소다. 즉 ㄱ, ㄴ, ㄷ이라는 서로 다른, 차이 나는 자음, 그리고 서로 다른, 차이 나는 모음 ㅏ, ㅑ, ㅓ, ㅕ 등이 있어야만 한국어가 가능해진다. 그러나 이러한 차이의 분절은 '감'에서 보듯 다시 ㄱ, ㅏ, ㅁ이 결합되어야만 의미가 부여된다. 따라서 단어는 분절된 차이를 합칠 때 가능하다. 분절된 차이가 다시 결합하는 경첩brisure·hinge(96-108/65-73, 96/66, 396/279)의 관계이다. 경첩은 문과 문틀의 관계다. 문은 문틀에 붙어 있지만, 동시에 떨어져 있다. 언어 의미 생성 역시 차이와 분절이라는 이중적 관계, 즉 경첩으로 가능하다. 나는 나 혼자인 동시에, 주위 모든 다른 사람들과 관계를 맺고 있다. 또한 다른 층위에서의 이 경첩은 데리다 해체가 전통 인문학 담론들과 맺고 있는 관계이기도 하다. 즉 전통과 이전의 책들과 데리다 해체의 관계 역시 이중적이다. 이전의 담론들을 이용하면서, 동시에 이것을 해체하기 때문이다. 앞에서 우리는 데리다 해체가 그라마톨로지와 맺고 있는 관계 역시 이중적임을 확인했다(이 책 47-49).

■ 차연

이분법을 믿는 구조주의의 '차이差異difference'[19]와 데리다의 '차연差延differance'은 어떻게 다른가? 이 둘 역시 경첩의 관계, 즉 이 둘은 붙어 있지만 동시에 떨어져 있는 이중 관계다. 그러나 이 둘의 차이는 엄청나다. 정과 반이 서로 다르다고 주장하는 이원구조에 터한 차이는 변증법의 무한 반복인 우회로를 통해 기원으로 되돌아간다고 주장한다. 그러나 이는 형이상학 혹은 신학(신화)의 전제 혹은 믿음 일 뿐, 실제로 발생하지 않고, 기원은 무한 연기된다고 주장하는 것이 데리다의 차연(해체)이다. 정과 반에 차이가 있다고 주장하고 반을 제거하면 순수, 기원 등이 드러난다고 주장하는 구조주의—구조주의는 20

---

19 적지 않은 한국학자들은 데리다의 '차연'을 차이差移로 표기해야 한다고 주장했다. 왜냐하면 '차연差延'에는 움직인다는 말이 들어가 있지 않기 때문이라 했다. 그러나 이 책 75 주 15에서 보듯, 이동에 따른 폭력이 언어 본연의 속성이다. 구조주의의 차이差異는 이원구조의 폐쇄 안에서의 직선적 이동이고, 데리다의 차연差延은 이러한 차이의 움직임에 저항하는 예측불허의 이동이어서, 둘의 이동의 양태는 다르지만, 둘 다 이동한다.
언어의 속성이 이동임은 이미 그리스 때부터 지적되었고, 서구인문학자들은 이 사실을 다 알고 있기 때문에, 차이와 차연, 둘 다에 이동의 '이移'를 첨하지 않았다. 그러므로 구조주의의 차이는 반드시 차이差異로, 그리고 데리다의 차연은 반드시 차연差延으로 기재해야 한다. 그 이유는 구조주의가 주장하는 차이는 이원구조의 정과 반, 이 둘은 서로 반대되는 것으로 차이나고, 이 둘은 끝내 만난다고 주장하기 때문이다. 그러나 데리다의 차연은 정과 반은 차이나는 것이 아니고, 동일한 것으로 이것이 상이한 반복으로 끝없이 이동하지만, 구조주의자들이 주장한 정(기의)과 반(기표)은 만나지 못하고 영원히 연기된다고 주장하기 때문에 연기된다의 '연延'은 반드시 표기되어야한다. 적지 않은 한국학자들이 주장하는 대로 차연을 차이差移로 기재하여 움직인다는 사실을 표시하면, '이移'가 없는 구조주의의 차이差異는 움직이지 않는다는 말인가? 다시 강조한다. 언어의 근본 속성이 광적 이동에 따른 폭력(기의의 죽음)이다.

세기 구조주의로만 국한되는 것이 아니라, 2,500년 동안 서구 전통 인문학 담론의 뼈대였다—의 차이를 데리다는 차연으로 해체한다. 그래서 '해체는 차연이다.'

①차연은 대문자로 선언되거나 표시되지 않는다. ②차연은 모든 왕국을 전복시키기 때문이다. 따라서 차연은 우리 마음속에 있는, 미래 혹은 과거의 왕국이 되고자 하는 모든 욕망에 대한 위협과 철저한 두려움이 된다. ③ 대문자로 차연이 강화될 수 있다고 믿고, 항상 왕국의 이름으로 차연을 통치하기를 바라면서 차연을 비방한다. (《여백들》 22/22)

① 왜 데리다 해체는 대문자로 선언되지 않는가? 이원구조에 터한 변증법Dialectics을 통해 가능하다는 절대 진리, 정신, 존재, 원原, 순수를 드러낸다고 전제한 현상학Phenomenology, 현상학적 목소리Voice, 형이상학Metaphysics, 초월론Transcendentalism, 신학Theology, 목적론Teleology, 기원론Archeology, 존재론Ontology, 존재Being 등은 모두 대문자로 시작되는 왕국의 전체주의 담론을 해체하기 때문이다. 대문자로 표기되는 이것들은 서구의 환각이며 신화이기 때문이다. 그러므로 차연과 해체는 반드시 소문자로 표기한다. 왜냐하면 유일무이를 표시하는 대문자로 표기하면 이는 다시 이원구조에 터한 서구 전통 담론이 되며, 이는 다시 전체주의가 되기 때문이다(《타자들》 273-274).

② 소문자의 차연들(해체들)이 전복시키는 왕국은 이원구조에 터한 대문자로 표기하는 모든 서구 전통 담론들이다. 바로 이런 이유로 아직도 절대 진리, 구원주의 등을 주장하며 패권을 쥐고 있는 사람들에게 데리다 해체(들)는 위협이 된다. 왕국이란 물론 서구의 전통 철학을 고수하는 서구 강국의 이데올로기와 종교

(신학)를 뒷받침하는 모든 담론들이다. 데리다는 이를 전복시킨다. 이는 우리가 순수하다고 믿는 (종교)철학이 정치, 경제, 그리고 법으로부터 결코 분리되어 있는 것이 아니기 때문이다.

③ 차연을 대문자로 환원시키려 한다는 뜻은 서구 대학의 일부 철학과 교수들이 데리다 해체를 서구 전통 철학인 해체론, (유사)초월론, 유령론, 그리고 해체주의로 환원시킨다는 뜻이다. 우리나라 학자들이 이런 일부 서구 교수들을 그대로 따른다(이 책 〈보론〉 157-185). 일부 서구 대학 교수들이 이원구조에 터한 왕국의 거대담론을 포기하지 않는 이유는 서구의 이데올로기, 우월주위, 서구 중심주의, 그리고 자신들의 전통과 종교를 여전히 견지하기 위해서다.

아래는 차연에 대한 데리다의 설명이다.

활발하게 그리고 능동적으로 움직이는 순수한 차이 이 자체는 … 형이상학을 앞서갈précéde 뿐만 아니라, [이원구조에 터한] 존재 사유를 범람한다éborde. … [이 결과] 형이상학의 폐쇄clôture 안에서 차연으로 사유하지만, 형이상학을 넘어선다. (데리다의 밑줄. 143/206)

① '순수한 차이 이 자체'라는 말에 있는 '순수'는 순수 vs 비순수에서 말하는 순수가 아니다. 이 '순수'란 이원구조의 일직선적 논리에 종속되지 않는, 그래서 활발하게 능동적으로 움직이는 차연을 뜻한다. 이 결과 '순수한 차이'는 체계의 일부가 아니다(365/258). '순수한 차이', 즉 차연은 우연과 비결정적 에너지를 드러내며 이원구조를 범람한다.

그러나 아무런 콘텍스트나 수식어 없는 차이差異는 이원구조를 따르는 것이기 때문에 차연이 아니다(《입문》 143-158). 물론 차이도 이동한다. 언어의 속성이 이동 그 자체이기 때문이다. 다만 폐쇄된 이원구조를 따라 움직이는 일직선적 이동이다. 물론 차연도 이동한다. 이동하는 양태가 일직선적이 아니라, 덩굴처럼, 문어처럼, 예측 불허의 움직임이다. 혹은 차이差異의 직선을 방해, 교란하기 위한 사선적 이동이다. 이것이 산포散布다. 우리나라 학자들이 이것을 '산종散種'이라 번역한 것은 정확하지 않다. 기의 없는 쭉정이 기표만이 무한 양산되어 퍼져 나가는 것은 종(씨앗, 기의)의 흩어짐이 아니기 때문이다.

이원구조를 따르지 않는 이러한 산포(차연)의 ana-의 움직임은 예측 불허다. 왜냐하면 ana-는 위아래로, 가로세로로, 앞으로 뒤로, 그리고 뒤집기, 이 모두를 뜻하기 때문이다. 이 ana-의 움직임으로 ana-semic을 한다. semic-에서 기호학semiology·semiotic이란 말이 나왔다. 기호학은 기표와 기의, 음성과 글자가 연결되어 의미가 있다고 하지만, ana-의 움직임은 이러한 전제가 허구임을 드러낸다. 이러한 ana-의 움직임으로 차연은 재전유에 저항하며, 이분법에 터한 직선적 논리와 기호에 관한 전통적 개념을 가루가 될 때까지 분분히 분해, 재로 만들어 산포시킨다(16/7).

② 그 결과 '순수한 차이', 즉 차연(해체)는 이원구조를 따르지 않는 능동적 움직임으로, '존재와 비존재'라는 하이데거의 이분법과 이에 따른 개념 너머로 확장된다(131/86-87). 그러므로 차연(대체)은 서구 전통 철학이 기대는 이분법의 이성으로는 상상할 수 없다(226/157). 서구 형이상학의 그 어떤 개념도 이 차연을 기술할 수 없다(데리다의 밑줄. 95/65). 이런 차연, 즉 '순수한 차이'

는 이원구조에 터한 서구 전통 형이상학 폐쇄 안에서 형이상학의 폐쇄에 순간적으로 구멍을 내면서, 폐쇄 안에서 폐쇄 밖에 대해 사유한다(206/143). 그러나 폐쇄는 즉시 겹겹이 쌓인다(《글쓰기와 차이》 11장). 폐쇄 밖으로의 완전한 탈주는 영원히 불가능하다.

이원구조에 종속된 차이를 패주시킨 엄청난 힘을 발산하는 차연(해체), 혹은 '순수한 차이' 역시 철저하게 체계가 만들어낸 힘, 혹은 효과다. 차연 역시 체계 안에서 이원구조의 일직선적 진행을 교란하지만, 결코 체계 밖으로 나가지 못하기 때문이다. 바로 이런 이유로 차연은 자체적으로 본질적 힘이 없다. 그럼에도 불구하고 차연은 잘못된 전제들, 이원구조, 기원, 혹은 종말과 같은 서구 전통 철학 개념과 환상을 무너뜨리는 힘을 지닌다(253/178). 차연은 이원구조가 드러낸다고 주장한 것을 죽이고 이에 저항하면서 힘을 얻는다. 차연은 자체적으로는 힘이 없지만, 차이를 교란할 때 힘을 발휘한다. 이 또한 차연의 이중성이다.

차연은 죽음이지만 차연은 현전과 부재를 가능케 한다. 차연의 가능성 없이는 현존에 대한 욕망은 숨 쉴 공간을 발견하지 못한다. 이런 증후로 인해 욕망은 채워지지 않는 운명에 처해 있다. 차연은 이것이 금지하는 것을 생산하고 불가능하게 만드는 바로 그것을 가능케 한다. (206/143)

그러므로 차연 역시 죽음이지만, 미래에 대한 약속이다. 다시 차연(해체)의 이중성이다. 차연은 텍스트 안에서는 빈blank 흰blanc 공간, 혹은 구멍(이 책 94)에 불과하지만, 이 구멍이 아직 결정되지 않은 미래를 향한 인덱스다. 차연은 과거의 시대정신에 속하는 얼굴이지만,

동시에 미래를 보고 있다. 이중성이다. 이러한 미래 사유(차연)는 무게가 없다. 담고 있는 기의가 없기 때문이다. 이 구멍(차연의 또하나의 상이한 반복. 이 책 94)은 우리가 이미 알고 있는 것이지만, 여전히 시작되지 않았다(142/93).

차연은 문자 형태와 문법에 준한 체계다. 즉 제도화된 흔적의 프레임워크다. 그럼에도 서구 전통 철학이 가장 중시했던, 추상의 공空에 불과한 '지금'과 '여기'를 차연으로 대체한다(68/47). 이러한 차연의 상이한 반복은 무無이고 심연이지만, 이는 서구 전통 철학이 주장하며, 존재한다고 전제하는 무와 심연과는 전적으로 다르다. 차연은 결코 절대적이거나 순수하지 않기 때문이다. 왜냐하면 차연은 철저하게 잡종적이며 사회적·정치적·계산적·도구적·기계적·경제적 대처가 대체(차연)이기 때문이다. 이것이 인간 역사를 형성해왔다. 이것이 우리가 차연(해체)에 주목해야 하는 이유다. 차연의 속성은 우리가 느낄 수도 만질 수도 없다. 그러나 장구한 역사에서 활동을 해온 영원한 존재다. 차연이 신神을 대신해 죽음으로 그 자리를 잡았다(191/131). 이로써 차연은 신처럼 영원하다. 이 결과 '신도 신이라는 글자가 책 안에 쓰였을 때 비로소 탄생되었다'(《글쓰기와 차이》 2장). 이는 데리다가 해체적 글쓰기, 즉 언어의 속성을 알면서 진행되는 인간의 글쓰기를 얼마나 중시하는가를 엿볼 수 있는 대목이다.[20]

■ 구멍

차연의 또 하나의 상이한 반복이 '구멍'(퍼스의 표현. 이 책 37)이다. 데리다는 '구멍trou 없이는 아무것도 발견할trouver 수 없다'는 언어

20 데리다가 글자를 중시하는 것은 유대 전통의 영향임을 필자는 밝힌 바 있다(《데리다와 문학》 36-38).

유희를 수도 없이 반복했다. 이 구멍은 무서운 힘으로 팽창하면서 이원구조에 터한 차이에서 생겨난 모든 것들을 허물어버리지만, 여전히 대상이나 의식 그 자체나 순수 그 자체가 비워져 있는 구멍이다. 개념은 문자로 쓰임으로써 텍스트에서 시공간화되었다. 그러나 이것은 구멍으로만 나타났다. 이로써 실체 그 자체는 사라졌다. 그럼에도 불구하고 이원구조로 종속되지 않은 '순수한 차이', 즉 차연은 무한대로 팽창하면서 기존의 전유에 구멍을 내고, 다시 시작한다(206/143). 우리가 얻고자 하는 것은 여전히 구멍으로만 드러났지만, 현존에서는 드러나지 않았다. 다시 이중성이다.

차연은 차이에 구멍(폭력)을 내고 시작한다. 프랑스어 entamer는 ① 부수다, 구멍을 내다broach, 위배하다breach, ② 시작하다, 돌파하다breach라는 뜻이다. ①은 부정적이지만, ②는 긍정적이다. 다시 이중성이다. 이원구조에 터한 서구 전통 형이상학 폐쇄 안에서 이 폐쇄에 순간적으로 구멍을 내면서, 폐쇄 안에서 폐쇄 밖에 대해 사유한다(206/143). 이 폐쇄를 초월할 수 없지만, 폐쇄를 초과outrance한다.

■ 침묵, 심연, 무, 공, 코라, 타자 …

차연은 끊임없이 움직이면서 침묵, 심연, 무無, 공空, 코라, 타자 등으로 상이하게 반복된다. 그러나 이때의 침묵은 신학이 말하는 신의 침묵이 아니다. 이것은 심연이자, 무이고 공이기 때문이다. 차연의 상이한 반복인 무와 공은 이원구조가 만들어내는 무와 공이 아니라, 끊임없이 유희와 상이한 반복의 근원이 되는 무, 공, 침묵이다. 데리다가 차연의 상이한 반복으로 사용하는 침묵은 침묵으로 남아 있는 것이 아니라, 실제 필요에 부응, 끊임없이 말과 형식을 생성하는 근원이다. 데리다의 침묵하지 않는 침묵(해체, 차연)은 다시 코라로 대체되어 상이하게 반복된다. 데리다는 이 코라를 숭상한다: '모체, 어머니, 자궁 혹은 코라는 항상 등록하고, 철학, 역사, 언어학에 형식을 부여했고, 동시에 전통적 범주, 특히 철학 범주로부터 자유로워질 것을 요구한다'(데리다의 밑줄. 7/Ixxxix). 이런 취지를 데리다는 〈코라〉에서도 반복 강조했다: '코라는 지금으로서는 완벽하게 명명할 수 없고, 결코 구조화되지도, 그 어떤 수사나 체계로도 드러나지 않지만, 코라는 우리의 필요에 부응해 항상 감각과 지각의 허구로, … 늘 역사에서 구체적으로 드러난다.'

이렇듯 영원히 명명할 수 없는 코라는 계속해서 침묵,[21] 심연, 공으로 남아 있는 것이 아니라, 반드시 그리고 항상 프로그램되기 때문에, 코라의 별명은 필요성(데리다의 밑줄. 〈코라〉 96)이다. 코라, 차연, 해체는 결코 (유사) 초월적이거나 추상적이지 않다. 왜냐하면 코라는 우리가 사는 장소, 지역, 국가, 위치를 뜻하며, 항상 우리의 필요성에 따라 구체적인 사회 제도, 법, 그리고 번역(상이한 반복)으로 드러났기 때문이다. 즉 현전으로부터 잘려나간 은유skemata 역시 도식schemas과 형식form으로 우리의 필요에 부응해 코라는 코라의 존재를 알려준다in-form(〈코라〉 95).

이 결과 데리다의 코라는 기존의 타자와 늘 어긋나며, 이와 차이를 내며, 영원히 연기된다. 이런 이유로 코라는 차연의 또 하나의 상이한 기표이자 반복이다. 이 코라는 소문자의 타자들이다. 왜냐하면 유일무이한 대문자의 코라가 되면 이는 다시 전체주의가 되기 때문이다

21 셰익스피어도 이 사실을 말한다. 코델리아의 침묵은 자신과 리어왕, 두 사람의 죽음으로 끝났다. 침묵하는 딸 코델리아에게 리어왕은 말한다: '무에서는 무만 나온다Nothing will come of nothing'(《리어왕》 I i 92). 침묵 속에서 무위의 도를 터득하기 위해 토굴 속이나 산 속으로 들어가는 문화는 서구에는 없다. 그리스 시대부터 수사학과 웅변은 매우 중요한 과목이었다.

(《타자들》 271, 273-274). 그러므로 데리다의 해체들(차연들)은 전체주의(서구 전통 인문학, 미학, 정치학의 담론들)를 '지금', '여기'의 수행적 차원의 법과 규칙, 그리고 규범을 열개裂開dehiscence한다.

■ 흔적

차연의 또 다른 상이한 기표는 흔적trace(68/46, 92/62, 95-97/ 65-67, 102-104/70-71)이다. 흔적은 의미의 절대적 기원(95/65)이다. 즉 '태초에 차연(흔적)이 있었다.' 흔적은 철저하게 제도화된(데리다의 밑줄) 구조 안에서만 발생한다. 따라서 데리다는 자신의 '흔적'은 레비나스가 말한 '타자의 흔적'과 하이데거가 말한 '흔적Spur'과는 전적으로 다르다고 말했다(69/47). 데리다의 흔적은 모든 것을 지우면서 진행되기 때문에, 전통적으로 우리가 전제했던 의미가 빠져버린다. 그럼에도 불구하고 이 텅 빈 구멍에 불과한 흔적이 우리가 사용하는 평상적 의미를 끊임없이 생성하는 기원이다. 그러므로 흔적이 언어의 절대 기원이며, 가장 거대한 전체성(데리다의 밑줄)이다. 그러나 '흔적은 드러난다고 전제했던 것이 흔적이 아니다'(237/167). 흔적은 구멍 난 장소에 불과하다. 폐쇄된 체계, 즉 글이 쓰이는 사각의 책에서 글자가 차지하고 있는 공간의 구멍이다. 그럼에도 흔적은 정치, 경제, 사회에서 구체적인 힘을 가진다.

흔적 역시 이중적이다. 눈 위에 남겨진 발자국 흔적은 피동태지만, 명사인 흔적을 동사로 쓰면 '추적하다', '가리키다'라는 능동태가 된다. 데리다 해체는 피동태의 흔적, 즉 기존의 허물, 껍데기, 혹은 구조주의의 차이差異를 해체적으로 사용해, 지금의 흔적이 드러내지 못한 것을 끊임없이 상기시키면서, 드러나지 않은 것을 능동적으로 추적한다trace.

기의를 지우면서 폭력적으로 움직이는 이 원原-흔적archi-trace은 기원의 죽음을 암시한다(90/61). 그래서 원-흔적은 원-폭력이다. 그러나 이것을 우리는 알 수 없다. 다만 우리는 단어(흔적)를 사용하는 동시에 지우면서(X)sous rature·under erasure, 이로부터 또 다른 단어(흔적)을 끌어내야한다. 이런 이유로 힘들게 발견한 길의 흔적이 퇴보하지 않도록, 이전의 길parcour·sillage·pathway의 흔적을 텍스트 안에 철저하게 기록해 남겨두어야 한다. 결론과 요약만을 읽는다면, 이전의 무비판적 우와 잘못으로 즉시 미끄러지기(90/61) 때문이다. 이것이 데리다가 기록, 보관 그리고 평가의 중요성을 강조하는 이유다. 원-흔적은 또한 원-에크리튀르archi-écriture(88/60)다. 이것이 언어 기원이며, '총체적 언어 체계로, 의미를 만들어내는 유일한 가능성'이다. 이 원-흔적 없이 언어는 생성될 수 없다. 이런 이유로 원-흔적, 원-폭력, 원-에크리튀르의 기원, 즉 문자탄생은 도약saut·leap이다. 문자로 인간 역사가 무한대로 이어지고, 이것이 인간됨의 모든 것을 결정짓기 때문이다.

흔적에는 또 다른 의미가 있다. 흔적trace을 거꾸로 철자변치를 하면 폐쇄된 사각écart이다(《그림》 257/224). 그러므로 흔적trace을 추적trace하는 것은 반드시 폐쇄된 사각écart의 책 안에서 진행되어야 한다. 그리고 폐쇄된 '사각의 텍스트를 사각형으로 규칙적으로 나누면[해체하면], 텍스트는 유기적 전체성이나 통일성으로 시작, 구성된 것이 아니라, 결코 하나로 통합되지 않는 조각들의 집합임이 드러난다. 이것이 변증법의 3의 논리가 해체된 모습이다'(《데리다와 문학》 179). 이것이 데리다 해체의 가장 중요한 전략이다. 이렇게 하지 않으면 해체작업은 실패하기 때문이다. 사각의 폐쇄 안에서 집요하게 이중 전략으로 언어유희를 함으로써 변증법의 3의 논법을 해체하고 이를 초과하는 4의 사유로 나아갈 수 있기 때문이다(《입문》 225-227). 또한 흔적을 철자 변치한 사각의 프랑스어 동사écarter는 상궤 이탈을 뜻한다. 이는 서구 전통 인문학의 상궤인 이원구조를 다양한 해체적 방법으로 열개하며 이원구조를 교란하기 위해 이탈한다는 뜻이다. 이런 여러 가지 이유로 흔적은 데리다 해체(차연)의 또 하나의 상이한 반복이다.

■ 세상의 유희

유희는 대체, 차연의 또 다른 상이한 기표다. 비트겐슈타인의 말이다: '언어게임이 세상의 게임이다'(73/50). 차이와 차연, 이 모두는 '세상의 유희jeu·play·Spiel'(데리다의 밑줄. 16/7, 70/48, 73/50, 367/259)이며, 허구 안(17/8)의 유희다. 이 세상의 유희는 세상의 유희이기 때문에 서구 전통 철학자들이 주장하는 저 너머, 예를 들면, 무한, 초월, 순수 기의와는 전적으로 관계가 없다(《타자》 69). 그래서 이 세상의 유희는 초월, 현존의 부재다. 유희는 서구 전통 철학이 간주하는 순수 기원과는 전혀 다른 기원이다(65/47). 데리다와 니체가 뜻하는 유희란 '힘의 유희'이며, 진행형이며, 생성되고 파괴되며 또다시 생성되는 과정 그 자체다. 핑크Eugen Fink 역시 그의 저서 《세상의 상징으로서의 유희》(1960)에서 말했다: '코스모스는 유희한다. … 합쳐지며 분리되고, 죽음과 삶, 선과 악, 그리고 모든 가치를 넘어 하나로 짜이는textile 텍스트text의 글쓰기다.' 왜냐하면 이 모든 가치가 유희 안에서 발생되는 문자의 기록과 흔적이기 때문이다. 그러므로 데리다는 글쓰기, 문자, 에크리튀르, 차연의 도래는 이러한 세상의 유희의 도래를 뜻하며, 이 유희가 서구 로고스를 해체한다(16/7)고 말한다. 그러나 서구의 전통 형이상학은 이 유희를 예기치 못하게 갑자기 발생한 사고나 악으로 간주하면서(데리다의 밑줄. 416/294-295), 이를 제거할 수 있다고 생각했다. 그러나 세상의 유희(차연)는 역사에서 발생한, 인간에게는 필요 그 자체다. 그러므로 이를 제거할 수 없다. 유희라는 말에 정색을 하는 사람들도 있다. 전통 종교인들이나 도덕주의자들은 유희를 무책임한 장난 정도로 치부하지만, 곰곰이 생각해보면 우리가 하는 것 모두가 유희다.[22] 물론 서구 전통 철학 역시 폐쇄의 허구인 이원구조의 유희다. 그러나 이러한 이원구조의 유희를 데리다가 해체하는 이유는 이분법의 정과 반에서 반을 제거함으로써 이원구조는 2,500년의 서구인문학을 불모로 만드는 '주범', '녹청', '함정'과 '인식론적 장애', 그리고 이 결과로 죽음의 원인이 되었을 뿐만 아니라, 모든 종류의 폭력, 인종차별주의, 종교전쟁, 그리고 이분법 이데올로기의 세계 대전을 일으킨 이론적 인자였기 때문이다. 데리다의 유희는 존재하지도 않는 추상의 반을 제거하면서 결과적으로 모든 것을 제거해버리는 추상의 초월적 무(허구)를 위해서가 아니라, 인간을 위한 인간의 삶, 그리고 인간이 살아가는 현실 개선을 위한 유희다.

하이데거는 이분법에 근거한 유희가 근거 없음을 그 누구보다도 명철하게 알았다(33-34/20-21). 그럼에도 불구하고 여전히 하이데거는 자신의 정치적 신념(나치즘)과 종교(기독교) 때문에 세계는 열렸다가

22 데리다 해체가 줄기차게 지적하는 것 중 하나는 '나는 나 자신만의 고유성을 잃어버렸다'이다. 첫 번째 이유는 언어의 속성인 무한 이동과 폭력이기 때문이다(이 책 75-76 주 15). 또 다른 이유도 있다. 한국인들은 별 생각 없이 '인생은 꼭두각시놀음'이라 한다. 셰익스피어 역시 '이 세상은 극장 무대The world is a stage'(《당신 좋으실 대로》 II vii 139)라 했다. 그런데 바로 이 한국인들과 셰익스피어의 말이 데리다 해체의 핵이다. '꼭두각시'는 고유한 내가 아니라는 뜻이고, '극장 무대' 역시 허구라는 뜻이다. 그러므로 이 말들은 서구의 인식론과 자아론, 즉 데카르트의 '나는 생각한다. 그러므로 나는 존재한다'를 복합적으로 그리고 일거에 해체한다. 왜냐하면 나라는 개인은 나보다 훨씬 앞서 이미 장구한 세월을 거쳐 짜인 각본들(허구들), 예를 들면 언어, 이데올로기, 교육, 기성종교, 법, 그리고 관습 등에 조종되어, 인생이라는 무대(허구, 장면)에서, 나 자신만의 고유성을 상실한 채, '꼭두각시'가 되어 주어진 대사를 복화하는 놀이(허구의 유희)를 하기 때문이다. 사실 인생 자체가 이러하다. 그러나 우리가 '꼭두각시'라 해서 우리는 허무주의에 빠진 채, 삶을 포기하지 않는다. 데리다(의 해체) 역시 우리의 입장처럼 이중적이다. 이 역시 상식이다.

닫힌다(이분법)고 주장하면서, 열릴 때 존재는 드러난다고 했다. 하이데거는 세계의 중심을 동심원同心圓concenter으로 파악했고, 이 동심원의 세계는 완성되어 가는 도중에 있으며, 열림과 닫힘을 반복하면서, '함께 모으기Versammlung'를 지속하기 때문에, 이러한 열림과 닫힘(폐쇄) 사이에 '분명한 차이'가 있다고 주장했다. 데리다는 묻는다: '세상이 어떻게 열렸다 닫혔다 하는가?'(《정신》 52, 54). 플라톤, 헤겔, 그리고 하이데거는 심각한 표정을 짓고 자신들의 담론은 단순히 유희가 아니라, 진리를 향하는 진중한 도정이라고 강변(73/50)했다.

2. 레비스트로스—루소의 유령

레비스트로스를 강박했던 유령은 루소였다. 이 결과 초기의 레비스트로스는 문자를 타락과 위장으로 간주한 루소의 주장을 그대로 복창한다: '글자를 가르치라고? 교육에서 글자를 다루는 것은 수치스러운 일'이며, '글지는 인류를 계몽시키는 것이 아니라, 착취한다. … 글자는 태어날 때 이미 거짓, 가짜, 그리고 위조다.'

데리다는 이러한 서구의 '편견', 즉 음성중심주의에 수많은 서구 인문학자들이 동의하는 글을 쓴 것은 '계약'이며, 이 '계약의 계보학'이 서구인문학사지만, 이러한 '계보학'을 기술할 수 있는 하나의 은유는 없다고 말한다. 왜냐하면 음성을 우선시 혹은 절대시하는 이러한 '편견'은 서구 철학사 2,500년 동안 엄청나게 복잡한 과정을 거치며 끊임없이 번식, 번창해왔기 때문이다. 이의 전염 양상은 단순한 인과율, 단순한 벽돌 쌓기, 혹은 빌린 생각의 단순 병렬이 아니기 때문이다. 이보다 훨씬 더 복잡하게 서로 엉긴 채, 이러한 편견과 계보의 뿌리는 재현에서 재현으로 끊임없이 팽창, 번식했다. 이렇게 '뿌리'라는 은유를 빌려 표현하면, '뿌리'라는 말 때문에 즉시 뿌리의 재현이라고 단정하겠지만, 재현의 이 무서운 성장은 뿌리는커녕 땅조차 건드리지 않기 때문에, 땅조차도 재현되지 않았다. 이런 이유로 서구 전통 형이상학이 전제하는 본질, 절대정신, 존재 등은 여지없이 즉각 파괴되었다. 그렇다고 해서 이러한 재현(은유) 자체를 파괴하거나 결코 뽑아버리지 못한다. 우리는 별 생각 없이 서구의 음성중심주의는 그 뿌리를 깊게 내리고 엄청난 번식력으로 뻗어 나갔다고 표현하지만, 이 역시 은유일 뿐, 사실 음성중심주의를 표방하는 수없이 많은 서구 전통 인문학의 (상호) 텍스트들은 빈 체계이기 때문에 그 어떤 뿌리와도 관계가 없다. 뿌리가 없는 계보학의 거대한 뿌리를 뽑을 수 있는 방법도, 이로부터 벗어나는 것도 전적으로 불가능하다.

그러므로 초기의 레비스트로스가 루소의 신학적·형이상학적 전제를 바탕으로 자신의 인류학을 탐구한 것은 전혀 놀라운 일이 아니다. 이 결과 초기의 레비스트로스는 루소의 구호, '자연으로 돌아가라!'를 그대로 믿고 따랐기 때문에, 미개한 원시인을 '고상한 원시인'이라고 찬미하고, 이들은 문명에서 야기되는 온갖 악과 타락으로부터 완전히 면제되었다고 전제했다. 그러나 자연에 대한 무조건적·무비판적 찬미는 실낙원을 되찾고자(기독교 신화) 하는 강박과 열망에서 비롯된 것이며, 이는 형이상학적이며 신학적 욕망이다. 레비스트로스는 이런 형이상학적·신학적·신화적 열망을 주창한 루소의 《언어 기원론》 8장을 찬미했다.

루소의 글들은 … 일반 인류학에 관한 최초의 걸작이며, 이 저서에서 루소는 인류학자의 직분은 도덕주의자나 역사가가 아님을 극명하게 드러낸 것으로, 인간을 보기 위해서는 가까이 보아야 하지만, 근원적인, 순수한 인간에 관한 탐구를 위해서는 시야를 멀리 두어야 한다. 인간의 속성, 본질, 순수함, 고유속성 propriétés을 찾기 위해서는 무엇보다도 차이들을 관찰해야한다. (155/106)

위의 말은 루소가 언어에 관한 연구자, 사상가 혹은 역사가였지만, 여전히 신학의 유산인 순수 vs 비순수라는 이분법으로 순수를 추구했고, 이를 찬양하는 인류학자인 레비스트로스 역시 마찬가지라는 말이다. 즉 루소가 찾고자 했던 것은 순수 말 vs 타락한 문자에서 순수 말이었기 때문에 신학적이었고, 그래서 레비스트로스는 루소를 찬양한 것이다. 이렇듯 루소를 극찬한 레비스트로스는 인류학자였지만, 신학자인 양 이분법을 사용하며, 남비크와라Nambikwara 섬에서 타락 이전의 순수한 인간을 찾아내려 했다. 이 역시 동일한 신학적 동기이자 전제다. 프랑스어 propriétés는 본질, 고유 속성, 순수함을 뜻한다. 레비스트로스 역시 이것들을 찾고자 했다. 이를 위해 그는 우리가 일상에서 가까이 만나는 인간의 속성을 비순수, 혹은 비본질로 단정하고 이것을 배제하고자 했다. 인류학자인 그는 마치 신학자인 양, 찾아야 할 것은 '가까이 우리가 일상에서 만나는 인간 속성[나락 이후 비순수, 비본질]'이 아니라, 이에 반反하는 것, 즉 '영원성 아래에서 보이는 인간의 속성[타락 이전의 순수, 본질]'임을 주장하며, 수없이 많은 서구 인문학자들처럼 이분법을 사용했다.

초기의 레비스트로스는 이러한 이분법은 인류학의 '방법적 도구'임에 틀림이 없다고 확신했고, 순수한 것 외 나머지 불순한 모든 것을 제거(반反)하기 위해 전투적 자세를 취해야 한다고 단정했다. 그래서 실제로 목격한 모순과 모든 악들, 반목, 계급화를 피해 가는 방법까지 루소의 방법을 고수해야 한다고 주장하며, 〈제네바 강연〉에서 루소를 찬양했다: '우리는 사회 질서가 야기한 불의와 착취의 증거를 넘어,

흔들릴 수 없는 인간 사회의 근원과 근거를 발견하지 않으면 안 된다'(169/115)고 역설했다. 즉 '불의와 착취의 증거 너머', '타락 이전의 순수의 근거'를 찾겠다는 레비스트로스의 인류학은 서구의 신화, 즉 타락 이전의 낙원을 증명하는 실례 혹은 인덱스가 되는 것이 그 목적이었다. 이 결과 레비스트로스 역시 루소처럼 《구조주의 인류학》에서 문자를 사회의 비권위성의 조건(데리다의 밑줄. 197/136)으로 간주했다. 그래서 현대인들은 기계적으로 짜인 현대 정치와 사회 구조에 대항해야 한다고 주장했다. 이렇게 해서 인류학자인 레비스트로스 역시 소쉬르와 루소처럼, 개인의 고유성을 완전히 박탈한 문자를 저주하는 동시에, 존재하지도 않은 완벽한 음성 발화를 칭송했다.

3. 〈글쓰기 수업〉

〈글쓰기 수업〉은 레비스트로스의 저서 《슬픈 열대》(1955) 18장의 제목이다. 레비스트로스가 남비크와라 원주민들에게 실시한 이 '글쓰기 수업'은 서구의 형이상학적 전제, 즉 순수 vs 비순수의 이원구조를 증명하기 위한 실험이었다. 즉 원주민 사회는 문명으로부터 완전히 면제된 순수 그 자체라고 전제했고, 이에 대한 증거를 채집하려 했다. 그러나 원초적 순진성은 제시만 되었지, 구체적 증거는 끝내 없었고, 조사와 탐구 결과는 정반대였다. 왜냐하면 원주민 사회 역시 이미 문명화된 서구 사회와 크게 다르지 않았기 때문이었다. 이미 원주민 사회도 계급화되었고, 추장이 여자를 너무 많이 취하거나, 기근 시기 부족을 먹여 살릴 능력이 없을 때는 그 부족은 다른 부족으로 통합되었다. 심지어 폭력과 암살의 기도도 있었다. 네 명의 원주민 대표자들이 레비스트로스에게 독약을 주면서 A6에게 음식을 줄 때 이 독약을 넣으라고 했는데, 이유는 A6이 매우 악한 사람이기 때문이라 했다(197/136). 원주민들의 섬(사회)은 천연그대로의 순수함이 아니라, 이미 죄와 타락이 그 중심에 있었다(167/114).

남비크와라 섬은 서구 사회와는 달리 교란되지 않은 순수한 상태에 있기 때문에, 그곳에는 오직 음성언어만 있을 뿐, 글자는 존재하지 않는다는 전제로 레비스트로스는 자신의 인류학을 정초하려 했으나, 원주민들에게도 이미 글자(문자)가 있었고, 더구나 사람들의 이름을 말하지 않는 것이 법—법을 루소와 초기의 레비스트로스는 타락으로 간주했다—으로 정해져 있었다. 서로의 고자질로 그들의 이름이 밝혀졌을 때, 그들의 이름은 사회계급을 의미했고, 이를 위해 싸움과 전쟁도 불사했다(157/107). 따라서 사람 이름인 고유명사조차 대조, 비교, 차이의 체계였고, 서열화를 증명하는 것이었다. 또한 알파벳이 백인과의 연결을 의미한다는 것을 알고는, 원주민 추장은 매우 열심히 이를 배우고자 했다. 따라서 글자는 이론적이기보다는 사회적이고 정치적이다. 원주민들이 문자를 배우려는 동기는 계보학적으로 연결되려는 욕망과 조바심의 발로였다(181/124). 문자는 비록 문자의 허구체계가 만들어내는 효과에 불과하지만, 이렇듯 정치, 경제 및 제 분야에서 실질적 힘과 밀접한 관계를 갖는다.

이처럼 레비스트로스는 자신의 전제가 빗나갈 때마다, 이를 '우연한 사고'로 간주하며, 자연적 선의는 아직 타락하지 않았다고 생각했다(165/112). 음성, 즉 말을 문자로부터 구원하겠다는 미망leurre·lure에 사로잡혔던 소쉬르와 루소를 레비스트로스는 그대로 답습했다. 레비스트로스는 자신이 실제로 목격한 악(반목과 계급화)을 제거할 수 있을 것이라 확신했으나, 제거할 수 없었다. 《슬픈 열대》와 《남비크와라 인디언의 사회생활과 가정생활》(1948)에서 레비스트로스는 자신의 형이상학적 전제와 이에 따른 이분법이 끊임없이 난국에 부딪칠 때 마다, 수많은 밤을 고뇌로 지새웠다고 고백했다. 딜레마에 봉착한 초기의 레비스트로스는 만약 자신이 서구 사회에 있었다면 전통적 사고, 즉 음성을 우선시하는 전통에 반대하는 사람이 되었을 것이나, 원주민들과 함께 있을 때는 가장 보수적인 전통, 즉 음성을 우선시한다(197/134)고 했다. 최소한 원시 사회만큼은 순수성을 잃지 않았다는 자신의 믿음마저 잃고 싶지 않았기 때문이다. 이미 레비스트로스는 둘로 갈라졌다. 이원구조가 더 이상 유지될 수 없고, 자신의 형이상학적 전제가 계속 빗나갈 때마다, 여러 가지 가정과 전도, 억압과 추정을 했지만, 소용없었다. 이 결과 레비스트로스의 담론은 대칭적 구조를 이루며, 레비스트로스 자신의 주장과 반대되는 주장을 동시에 한다(192/132). 이렇게 이원구조에 터한 모든 서구 인문학 담론처럼, 레비스트로스의 담론 역시 소쉬르와 루소의 것처럼 모순으로 갈라진 채 자동해체된다.

언어는 처음부터 현실적 필요와 생존을 위해 인간이 고안한 것으로 철저하게 경험적·사회적·정치적 필요에 따라 발생한 것이다. 원주민들은 레비스트로스가 '글쓰기 수업'에서 보여주는 글자 혹은 그림 글자를 이해하지 못했지만, 이것을 모방하면서, '글쓰기 수업'은 이어졌다. 그러므로 글자 혹은 문자는 갑자기 무無에서 혹은 순수한 목소리가 타락해서 생긴 것(서구 형이상학의 전제)이 아니라, 이전의 글자 혹은 그림 글자를 모방하면서 생긴 것이다. 즉 '글쓰기 수업'은 글자 탄생은 '보여준 디자인으로 자극을 받은 문화적 창안'임을, 언어의 기원이 순수 기원의 모방이 아니라, 이전 글자의 모방이자 전적으로 인위적 차용(191/127)이기 때문에, 철저하게 상호 주관적임을 증거했다. 이것이 문자의 원原 속성이다. 이렇게 해서, 레비스트로스가 서구중심주의의 음성중심주의와 이의 순수성을 증명하기 위해 원주민에게 실시한 '글쓰기 수업'은 순수한 음성은 원시 사회에서도 존재하지 않는다는 것, 그리고 글쓰기와 문자의 속성은 철저하게 외부의 현실적 요인에 의해 생성되었으며, 그래서 이원구조가 신화임을 레비스트로스 스스로 깨닫하는 '글쓰기 수업'이 되었다.

▪ 무대 장면과 경제성

'글쓰기 수업'은 레비스트로스가 믿었던 이분법의 형이상학적 전제가 산산이 부서지는 과정이었다. 추장은 원주민들이 모인 곳에서 자신이 그리거나 쓴 문자를 보면서 읽는 척도 했다. 이뿐만이 아니었다. 원주민들은 마치 문자가 물건인 양, 그들이 지닌 활, 칼, 염주, 목걸이 등과 두어 시간가량 선물 교환하듯, 문자와 물건들을 교환했다. 서로 지극히 이질적인 것들, 즉 그들의 물건과 문자는 서로 교환될 수 없을 것 같은 것들이 교환되기 때문에, 이는 일종의 예식, 허구의 공연이었다. 즉 이것은 하나의 무대 장면에 다름 아니었다. 그래서 무대 장면은 차연(언어의 자의적 속성)의 또 하나의 상이한 반복이다.

'경제성'은 여기서는 가성비가 아니라, 의미, 존재, 그리고 고유한 자아의 죽음을 유발한 폭력을 뜻한다(100/69, 《입문》 127 주 38). 언어로 교환되는 대상의 고유성은 사라지기 때문이다. 그러므로 '경제성'은 폭력으로 인한 죽음을 뜻한다. 위에서도 설명되었듯이 교환될 수 없는 것, 즉 고유한 속성이 철저하게 서로 다른 것과 교환되기 때문이다. 이러한 교환으로 야기되는 '경제성'은 고유성의 죽음을 뜻한다.

언어(문자)와 계산 또한 뗄 수 없는 관계에 있다. 이 둘은 상호 기원적 co-originaire·co-originary 관계(데리다의 밑줄. 141/93)다. 문자 속성은 수학 계산과 같다. '1+1=3'이라 하면 틀렸다고 지적받듯이, 우리가 문법이나 철자를 틀리게 사용하면 지적받는다. 수학공식이 개인의 고유 감정이나 의도와는 아무 관계 없는 추상 그 자체이듯, 문자도 그러하다. 마찬가지로 서구 전통 철학자들은 기하학주의를 표방하면서, 원原-기원을 기하학에서 찾고자 했지만, 아이러니컬하게도 기하학은 그 어떤 것보다 가장 완벽하게, 가장 빨리, 그리고 가장 효율적으로 이를 제거해버렸다. 마찬가지로 문자 본연의 속성도 고유성의 죽음, 즉 경제성이다.

■ **폭력과 길트기**

원주민들이 살고 있었던, 프랑스 영토만큼 큰 남비크와라 섬에는 이미 피카다picada라고 부르는 매우 거칠고 좁은 길이 수없이 나 있었다. 결코 때 묻지 않은 천연 그대로의, 문명의 흔적이 없는 처녀지가 아니었다. 이 수많은 길은 현실적 필요에 따라 인간이 자연에 가한 폭력이다. 그래서 폭력과 길트기는 차연의 또 하나의 상이한 반복이다.

이 좁은 길은 바로 글쓰기가 만든 길의 역사이며, 갑작스러운 결절via rupta로 만들어지는 길로, 이는 부서지고 강타당해서 산산이 갈라지는fracta 공간의 폭력이다. 이는 차연, 언어의 속성이다. (157-158/ 107-108)

길트기가 자연에 대한 폭력이듯, 글쓰기도 그러하다. 글자는 모든 것을 사상捨象·死傷시키기 때문이다. 그러나 이러한 폭력은 인간이 궁구해낸 대책이자 대체이며 구원이다. 그러므로 길트기(문자, 차연, 폭력)는 전통적 형이상학이 추구한 모든 것들을 사상捨象·死傷시키지만, 이것은 자연으로부터 온, 그리고 자연스럽게 인간이 자연에 대응한 인간 역사 그 자체다.

데리다는 글자의 폭력을 3단계로 나눈다. 첫 번째 폭력, 즉 원原-폭력archi-écriture·arche-writing은 영원히 감추어졌고 찾을 길이 없다. 즉 원-폭력은 발생하지 않았다는 말이다. 신학이 말하는 '태초에 말씀', 즉 순수한 말에서 비순수한 문자로 떨어진 적은 없었고, 태초부터 비순수한 문자뿐이었다. 즉 '태초에 말씀이 있었다'가 아니라, '태초에 차연이 있었다.' 태초로부터 지속되었던 순수하고 천연적인 상태, 즉 낙원처럼 순수한 지역이라고 레비스트로스가 전제했던 남비크와라 섬에도 이미 글자, 법, 살인 음모, 그리고 길트기의 폭력이 있었다.

두 번째 폭력은 원-폭력을 확인하는 것이다. 원시 섬에서도 고유명사가 사라졌다. 이 섬에서도 고유명사는 한 개인의 순수한 고유성을 드러내는 것이 아니라, 상호 관계와 계급을 뜻하는 것이었다. 이로 인해 고자질과 싸움, 경솔함, 간통과 같은 악이 이미 그 자리를 잡고 있었다.

세 번째 폭력은 내가 고유하게 사유하는 것이 아니라, 글자가 우리를 대신해 사유해주는 것이다: '우리는 오로지 기호로 사유한다(데리다의 밑줄). '우리가 말을 하는 것이 아니라, 언어가 우리를 말한다' (하이데거). 이로부터 모든 허상, 즉 글자의 효과가 생성된다. 그러나 경험주의자들은 이것을 실재, 혹은 대상과 연결된다고 믿는다. 이 세 번째 폭력에 다다르면, 도덕과 법이라는 이탈 체계가 성립된다. 기존의 도덕과 법을 다스리는 것 역시 도덕과 법이기 때문이다. 두 번째 폭력을 다시 폭력으로 다스리는 것이 세 번째 폭력이다.

그러나 길트기 혹은 폭력은 자연에 대한 폭력이지만, 부정적으로만 생각해서는 안 된다(다시 데리다의 이중적 관점). 왜냐하면 이러한 폭력은 바로 문명culture으로 자연nature을 열기 때문이다. 인간의 현실적 필요를 위해서. 그러므로 이미 둘을 완전하게 분리하기 어렵다. 따라서 문명(폭력)과 자연, 죽음(폭력)과 살아 있는 삶은 서로 엉겨 있다. 선명하게 이분법으로 분리, 처리될 수 없다. 순수 자연 속에도 이미 폭력이 있다. 순수한 자연이 완벽한 상태의 평화만을 간직하고 있었다면, 대처와 대체, 그리고 문명은 처음부터 필요 없었을 것이다.

4. 전문인 vs 아마추어

형이상학적(신학적) 전제, 혹은 음성중심주의의 신화에 고착되었던 루소를 그대로 따른 초기의 레비스트로스는 순수하고 완벽한 전문인(엔지니어) vs 잡종의 자투리들을 다루는 어설픈 아마추어의 이분법을 고수하면서 탐구를 진행했다. 데리다는 프랑스어 아마추어bricoleur는 원래 bricole·strop-catapult에서 나온 말임을 환기시킨다. 이는 구체적으로 전쟁에서 사용되는 부수는 기계다. 그러니까 아마추어의 원뜻이 폭력이다. 그리고 이 폭력이 위에서 언급했듯이, 길트기(문자의 폭력)의 속성이다. 단적으로 말하면, 우리가 하는 일 모두 처음부터 완벽한 것이 없는 상태에서 아마추어의 작업이며, 동시에 이 아마추어의 작업은 기존의 것을 파괴, 해체하는 것이라서 폭력이라는 뜻이다. 완벽한 전문인이라는 것은 이원구조가 만들어낸 허구임을 데리다가 지적하는 것이다. 아래에서 더 상세하게 살펴보자.

레비스트로스는 이상주의(순수주의)를 고수했던 자신은 물질주의의 유혹을 받았고, 이 결과 잡다한 자신의 욕망이 이질적인 잡종의 자투리 보따리bricolage, 즉 부서진 것들로 대체되는 것을 알았다. 그래서 그는 이원구조로 구성되는 통일체를 만들 수 없음을 고백했다. 잡다한 자투리로 이루어지는 담론은 이원구조에 터한 서구 전통 형이상학의 잣대로 보면 담론의 총체적 무능력이다. 즉 이는 제거되어야 할, 순수에 반反하는 것이기 때문이다. 그러나 레비스트로스는 이런 무능력으로 지금의 무능력을 치유할 수 없는가를 자문했다. 이미 인류학에서 사용되는 도구들과 개념들은 언어처럼 장구한 세월 동안 축적된 것들이다. 언어가 턱없이 부적합하고, 나만을 위한 완전하고 고유한 언어가 아닐지라도, 나는 기존의 언어에 절대적으로 의지할 수밖에 없는 것처럼, 레비스트로스 역시 인류학이 오랜 시간 동안 사용해온 기존의 자료들과 도구에 의지하지 않을 수 없었다. 인류학자 레비스트로스는 이미 사전에 주어진, 부족하고 잡다한 자투리들을 사용하지 않으면 안 된다는 사실을 깨단했다. 우리의 욕망도 마찬가지다. 욕망은 담론(언어)으로 가는 통로에서 항상 실종된다. 이 결과 욕망은 항상 잡동사니의 깨어진 부스러기로 욕망의 성을 지어야 한다. 레비스트로스의 말이다: '신화적 사고는 … 한때 사회적 담론이었던 찌꺼기와 나머지로 이데올로기의 성을 짓는다'(《야생적 사고》)(201/139). 그러므로 레비스트로스의 인류학 담론 역시 잡동사니(브리콜라주)를 통해 레비스트로스의 욕망을 고백하면서, 동시에 욕망 실현의 실패를 고백한다. 실패했기 때문에 다시 욕망을 일깨운다. 동시에 여기저기에 너부러져 있는 자투리, 부스러기의 보따리의 필요성도 함께 일깨운다. 완벽한 전문인으로 자부했던 레비스트로스는 이미 주어지고 짜인 역사와 언어에 자신이 포위되어 있음을 알았다. 순수를 추구하면서, 스스로 완벽한 전문인으로 자부했던 레비스트로스는 철저하게 이 세상 여기저기 흩어져 있는 잡동사니(의 도구)를 빌리지 않으면 안 된다는 사실에 직면한다. 놀라운 것은, 그리고 데리다가 높이 평가하고 강조하는 것은, 이 잡동사니의 도구가 이전의 잡동사니의 미망을 부순다bricole, 즉 해체한다는 사실을 후기의 레비스트로스가 선언했다는 사실이다. 레비스트로스는 완벽한 전문인, 즉 엔지니어에 관한 형이상학적 신념과 믿음 그리고 전제는 자신의 인류학 탐구에 전혀 도움이 되지 않았다고 고백하고, 엔지니어(완벽한 전문인) vs 브리콜레르(아마추어)라는 이분법은 신학적 미망임을 지적했다. 아마추어의 미망이 미망을 일깨울 수 있다는 후기의 레비스트로스의 이러한 깨달음은 이원구조에 터한 서구중심주의를 주장하는 '명구'(이 책 24)를 해체하기 때문에 명구名句exergue 그 이상(148/99-100)이라고 데리다는 높이 평가했다. 이원구조에 터한 서구 신화가 허구·미망이지만, 이 사실을 일깨워준 것도 허구·미망이다. 그러므로 허구·신화·미망은 계몽할 수 있는 빛(바로 아래 〈미광과 미망〉)이 될 수 있다. 이런 이유로 데리다는 허구·신화·미망에 대해서도 이중적 입장을 견지한다: '미망, 부재, 위장, 우회로, 차연, 글쓰기 없이는 타자의 현존도 윤리도 정의도 없다'(데리다의 밑줄. 202/139-140).

> 기존의 체계, 즉 형이상학의 [폐쇄된] 틀을 흔들기 위해서는 폐쇄 안에서, 항상 위험을 감수하며 미묘한 사선적 움직임으로, 해체하려는 텍스트의 안쪽으로 끊임없이 떨어지는 모험을 하면서, 조심스럽고 신중하게, 그리고 정세하게 전통적 개념들과 환경[콘텍스트와 역사성], 그리고 기계처럼[직선적으로] 움직이는 이것들[이원구조들]의 유효성의 한계 상황들을 동시에 표시하고 지적해야 한다. 이렇게 해서 이원구조로 이루어진 단층의 균열을 보는 동시에 폐쇄 밖 l'outre-clôture 명명할 수 없는 미광微光lueur을 흘낏 볼 수 있다. (58/39)

■ 미망과 미광

미망迷妄leurre과 미광微光lueur, 이 두 단어를 데리다는 《그라마톨로지》에서 여러 번 사용했다(20/34, 58-59/39-40, 201-202/139-140). 이 두 프랑스 단어는 비슷하다. 우리말도 그러하다. 이 비슷한 두 단어로 데리다는 무엇을 인유하는가?

미망의 원뜻은 매사냥 시, 매가 주인의 손등으로 돌아오지 않을 때, 붉은 깃털로 만든 가짜 새를 손등에 얹어 놓고 살아 있는 매를 유인해 되돌아오게 하는 미끼proi·decoy다. 이는 차연(대체)이 허구, 미망, 죽음에 불과한 가짜지만, 절대 필요하다는 뜻이다. 밀가루를 강에 풀어 쌀뜨물로 위장한 이순신 장군의 작전과 유사하다. 미망과 위장이 필요하다. 앞에서 레비스트로스를 통해 읽은 것처럼 완벽하고, 순수한 것은 처음부터, 그리고 앞으로도 없다. 그러므로 원-글자가 최조의 윤리인 동시에 비윤리다(이중성). 다시 말하면 지금의 법이 결코 완벽한 윤리와 정의에 전적으로 못 미치는 완벽한 법의 부재, 위장, 미망에 불과하기 때문에 비윤리다. 그러나 지금의 이러한 부재, 위장, 비윤리를 근거로 보다 나은 윤리와 정의를 추구하지 않으면, 그 어떤 정의와 윤리를 추구할 근거조차도 없어진다. 그래서 지금의 비윤리가 윤리다(카프카가 말한 '법의 아이러니'). 다시 이중성이다. 마찬가지로 전통주의자들이 상정한 순수 기원과 순수 그 자체는 폐쇄의 이원구조 안에서 이미 죽었다. 그래서 서구 전통 철학은 비윤리다. 그러나 이러한 비윤리가 순수 기원은 죽었다는 사실을 우리에게 일깨워주었고, 이 죽음의 흔적(미망)으로 순수에 대해 다시 궁구하도록 추동한 것도 이 죽음의 흔적이다. 그래서 지금의 미망(흔적)은 윤리다. 이런 이유로 미망은 구멍, 흔적, 죽음이라서 부정적이지만 동시에 긍정적이다. 다시 이중성이다. 하이데거의 '차이'(미망)가 없었다면, 데리다 해체의 '차연'('차이'보다 나은 미망)의 탄생은 불가능했다. 이 결과 차연이 차이를 패주시켰다. 그래서 하이데거의 '차이'는 비윤리인 동시에 윤리다.

3부 루소의 시대

1. 루소의 모순—맹목에서 대체로 구성된 루소의 삶

장 자크 루소Jean-Jacques Rousseau(1712-1778)는 18세기의 유명한 사상가로 다방면에 걸쳐 글을 남겼다. 《인간 불평등의 기원과 근거에 관한 담론》(1754), 《쥴리》(1761), 《사회 계약설》(1754), 《에밀》(1762), 《고백록》(1782-1789), 그리고 데리다가 조명할 때까지 많이 알려지지 않았던 《언어 기원론》(1764?) 등이다.

소쉬르 언어학이 '인문학의 여왕'이라면, 루소는 '인문학의 왕'이다. 루소는 프랑스 대혁명을 주도했던 볼테르, 18세기 계몽주의는 물론 19세기 낭만주의에까지 막대한 영향을 끼쳤다. 영국 낭만시인 워즈워스가 '고상한 원시인'이라 칭하며 원시인을 신성시했던 것도 루소의 구호, '자연으로 돌아가라!'의 영향이었다.

'자연으로 돌아가라'에서의 이 '자연'은 때 묻지 않은 자연인 동시에 서구 전통 철학자들이 전제했던 순수, 기원, 현상학적 목소리, 절대정신, 물자체, 신의 목소리, 낙원을 의미한다. 자연으로 돌아가기 위해 루소 역시 이분법을 고수했고, 반에 해당하는 것을 제거해야만 한다고 믿었다. 루소는 《고독한 산책자의 회상들》과 《자연 상태에 관하여》에서 자연과 열정을 더 이상의 대체나 교정이 필요 없는 순수 그 자체(212/148)로, 이에 반反하는 것 모두를 '위험한 대체', '악', '타락', '맹목', '스캔들', '재앙', '수음auto-eroticism', 그리고 '예기치 못한 불행한 사고'로 간주했다.

그러나 작가로서의 루소와 실제 루소의 삶(성생활)은 루소 자신이 '맹목'으로 간주했던 대체(차연, 문자) 때문에 가능했다. 루소의 삶과 글은 루소가 악과 재앙, 그리고 대체로 간주한 것들이 너무나 자연스럽게 자리 잡게 되는 자연적 현상을 드러낸다. 루소 자신이 악으로 간주했던 문자를 사용해 루소는 불멸의 사상가가 되었지만, 문자로 인해 고유한 장 자크(고유성)는 죽었다(사라졌다). 즉 문자로 루소 자신의 고유성이 죽으면서, 작가이자 위대한 사상가 루소가 탄생했다. 그리고 사상가로 루소는 역사에서 영생한다. 이 사실을 루소도 시인한다: '나는 확실하게 말할 수 있다. 내가 죽은 나 자신을 바라볼 때까지, 나의 삶은 결코 시작될 수 없음을'(205/143). 글쓰기(문자)는 장 자크의 죽음이지만, 이는 작가로서의 루소의 기원이자 탄생을 가능케 했다. 루소는 '자살'—글쓰기로 인한 자신만의 고유성의 죽음—을 통해 상징적 재전유(글쓰기, 죽음)로 살 수 밖에 없음을 잘 알고 있었다. 스타로뱅스키Jean Starobinski의 말이다:

> 장 자크는 글쓰기를 하면서 자신을 없앨 것을 결정했다. 자신을 감추는 것이 더 가치 있는 자신을 드러내는 일이기 때문에: '나 자신을 쓰면서 감추는 일이 나의 적성에 맞는 일이다. 내가 만약 현존하면, 내가 가치 있는 존재임을 사람들은 전혀 알지 못할 것이다.' 이 말을 장 자크는 … 되풀이해 자신에게 되뇌었다. (204-205/142)

루소가 실제로 살아 있는 삶(현존)으로 추정한 삶 역시 너무나 자연스럽게 대체(차연, 폭력)로 대체되었다. 루소의 일생은 대체 그 자체였다(208/145). 그의 생모는 루소 출생 시 사망했고, 아버지는 그를 버렸기 때문에, 어머니가 아닌 대모(대체)의 손에서 루소는 성장했다. 그 후 루소는 대모(대체)인 '마마'가 길렀고, 그 후 또 다른 대모(대체) 역할을 한 하녀 테레즈가 루소를 돌보았다. 순수한 어머니라는 현전은 루소에게는 처음부터 존재하지 않았다. 루소를 돌봤던 어머니는 어머니의 대체였다.

■ 순수 자동(타동)효과와 심연 속의 극장(무대 장면, 허구)

《고백록》에서 루소는 자신이 평생 동안 지속했던 수음auto-eroticism이 실제 성교보다 상상력이 풍부한 자신에게 그 유혹이 더 막강했음을 고백했다. 수음은 실제 성교의 대체다. '자연으로 돌아가라!'를 외친 루소는 자연스러운 순수한 자연 상태로부터 떨어져 나온 대체를 부정적인 것으로 간주했다. 그러나 실제 성행위의 대체인 수음을 루소는 선호했다. 스스로를 건드리면서 얻어지는 자체적으로 작동된 자동효과auto-affection[23]이기 때문에 수음이 루소에게 준 쾌快Lust는 여인과의 교접으로 얻어지는 실제 쾌와는 절대적으로 다르다. 그러나 루소는 이러한 대체(수음)가 실제 성행위보다 안전했고, 그 누구에게도 해를 끼치지 않았다고 말함으로써, 자신이 '위험한 대체'로 분류한 수음을 심지어 도덕적 체계로까지 이입시킨다. 이렇게 해서 수음은 성교의 죽음(부재)이지만, 도덕적 표상의 전全 체계 안에서도 그 기능을

23 한국 학자들은 이 용어를 '자가 애정', '자가 정서 유발', '자가 정념 유발', '순수한 자기 감응', '자기애'로 번역했다. 이 모두는 오역이다. '자동(타동)효과'는 '차연'의 또 하나의 상이한 반복인데, '차연'(언어의 속성)으로 인해 이 모든 것, 즉 애정, 정서, 정념, 감응, 애, 그리고 사상思想까지 사상捨象·死傷된다고 데리다가 말했기 때문이다.

한다(226-227/150-156). 또한 루소는 수음의 자급자족의 독재성을 간단하게 중단시킬 수 있다고도, 혹은 중단되어야 한다고도 생각하지 않았다(221/153). 루소가 연인을 상상하며 연인이 잤던 침대나 앉았던 의자를 애무하는 것은 그녀 자체(현존)가 없는 상태에서 마치 그녀가 있는 듯 진행되는 극 공연과도 같다. 대체인 수음은 루소에게 절대적으로 필요한 대처이자 대체였다. 이렇게 해서 루소가 말한 '위험천만한 대체'는 자연으로부터 자연을 배제시킨 채, 기막힌 공연(수음, 대체)을 만들어낸다. 그러므로 루소가 사랑하는 여인을 상상하며 지속한 수음은 허구 속 장면이다. 수음은 사랑하는 여인의 전적 부재로 진행되는 대체다. 그래서 데리다는 수음을 극 공연, 심연 속 장면mise en abîme, 무대 장면mise en scène, 혹은 극장(216/151) 등으로 표현했는데, 모두 차연의 상이한 반복들이다.

그러나 루소를 성인 남성으로 정립시키고 살렸던 대체인 수음은 동시에 루소의 모든 것을 빼앗았다: '나와 가장 정열적인 연인 사이의 본질적인 나의 상황을 인지하거나 상상할 수 없었다.' '결과적으로 금욕과 향유, 쾌와 예지는 동일한 방식으로 다 사라졌다'(213/149). 대체인 수음은 루소 자신의 모든 것을 보유해줄 것 같았지만, 사라졌다. 이것이 대체(차연)의 속성이다.

루소는 처음에는 이러한 대체가 밖에서 찾아온 것이라 전제했다. 이는 물론 형이상학적 발상, 즉 안과 밖의 이분법을 따른 결과다. 그러나 이 대체는 루소 내부에서 자체적으로, 자동적auto으로 발생된 것이다. 그리고 이러한 대체인 수음이 성인 남성 루소의 기원이다. 차연이 언어의 기원이듯. 동시에 루소의 이러한 수음(대체)이 루소에게 너무나 자연스럽게 찾아왔기 때문에 자연적이다. 그럼에도 루소는 글자(문자)와 함께 수음을 죄로 간주한다. 그러나 수음이 루소의 건강을 지켜주었고, 자연적으로 내부에서 발생했다면, 루소 자신이 상정했던 자연 vs 비자연, 혹은 내부 vs 외부라는 이원구조의 대립은 자체적으로 사라진다. '자연으로 돌아가라!'를 웅변했던 루소를 세상과 연결시켜준 통로는 자연이 아니라 대체였다. 루소는 수음과 작가가 되는 것을 동일한 것으로 간주했다. 그럼에도 이를 재앙이라 간주한 것은 지극히 신학적 편견(397/280)이다.

루소가 평생 지속했던 수음에 상응하는 철학 용어는 순수 자동효과auto-affection나. 순수 사동효과는 하이데거가 시간을 정의하면서 사용했던 말이다(《입문》 122-125). 그러나 모든 개념은 글쓰기처럼 시공간화(일직선화)를 피할 수 없다. 현상학은 시공간을 통해 순수한 현상학적 목소리가 자동적으로 들려온다고 간주했으나, 이 소리는 사실 폐쇄된 이원구조 자체의 자동효과가 되면서, 순수한 현상학적 목소리는 이미 기호의 체계 안으로 떨어져 사라지고, 문자와 문법 체계에 준해 정해지는 소리gramophone가 된다(《글쓰기와 차이》 5장, 《데리다와 문학》 258-261, 285-287). 그러므로 서구형이상학이 순수자동효과로 간주해온 것들은 순수 자체와는 전적으로 관계없는 외재적 체계의 타동효과hetero-affection다. 내부의 순수한 것과는 관계없는, 이질적인 것, 즉 언어, 역사, 사회, 경제적 상황의 조건을 결정짓는 외부의 문자 체계를 따르기 때문이다. 그러나 동시에 텅 비워 있는 체계 안에서 만들어지기 때문에 체계 자체의 자동효과다. 따라서 자동-효과 *auto*-affection는 드러내고자 했던 것과는 상관없는, 우리가 추구했던 순수와는 관계없는, 이질적인 체계의 효과인 외재성으로 구성된다(236/166, 409/289). 이러한 체계자체의 자동효과는 그래서 전적으로 그리고 철저하게 외재적 체계의 효과이기 때문에 타동효과다. 이 결과 체계의 자체적 힘으로 작동되는 자동(타동)효과는 서구 현상학이 전제하는 순수 목소리와는 아무 관계가 없다. 이 auto는 체계 안의 효과가 팽창되는 체계 자체의 자동효과다. 우리 내면의 순수 목소리와는 아무런 관계가 없는, 체계가 만드는 타동효과다. 이것이 현존 박탈이 현존의 최초의 경험이 되는 연유다. 그래서 현존과는 전적으로 관계없는 타동효과다. 이로 인해 현존의 기원, 순수한 현상학적 목소리(말)의 기원은 박탈되어, 이것 대신, 유령 즉 자동효과이자 타동효과인 환幻으로 태어난다. 말보다 글쓰기의 대체적 위협이 더 오래된 것(237/167)이기 때문이다. 그러므로 체계 안의 순수 자동효과는 순수한 목소리와는 관계없는, 철저하게 외부 체계의 타동효과다.

2. 루소 교육론의 모순

교육에 관한 루소의 저서《에밀》역시 모순으로 점철된다. 루소는 이원구조를 통해 순수로 갈 수 있다는 유혹에 지배당했기 때문이다. '자연으로 돌아가라'를 선언한 루소는 전통 철학이 말하는 현존은 그 어떤 것보다도 자연적이며, 자연 그 자체인 어머니만으로도 충분하다고 믿는다: '자연의 사랑처럼 어머니의 사랑을 대체할 것은 없다.' 여전히 자연은 순수함 그 자체이고 이로부터 멀리 이탈하면 안 되며, 그래서 '교육은 최소화하고, 가능한 한 가장 늦게 교육을 시작해야 한다.' '어린아이가 아플 때는 가만히 내버려두라. 자연이 그 아이를 치유해줄 것이다.' 또한 '인간은 인간과의 대화를 시도하다가 실패할 때 식물들과 대화한다.' '식물학이 사회의 대체가 될 때, 이는 악 중의 악이다'(211/147-148). '모든 악은 문자에서 시작된다.' '이것으로 인해 도덕 체계는 교란되고, 자연은 쑥대밭이 되어 망가진다.' '여전히 식물학과 광물학은 모든 인간의 어머니, 대지의 내장을 파먹는 일'이다. 이 결과 '인간은 자신의 눈알을 빼내었고'(212/148), '아름다웠던 농촌 풍경은 탄광이 되면서, 석탄으로 얼굴이 검어진 광부들, 그리고 그 무시무시한 화약과 폭탄들로 대체되었다.'

그러나 다른 한편으로 루소는 소쉬르와 초기의 레비스트로스처럼, 자신의 위의 말과 모순되는 말도 끊임없이 했다. 즉 '자연으로 돌아가라'를 외친 루소는 자연의 결핍은 수정되고 대체되어야 함을 주장한다. 즉 '병든 어머니의 젖을 빨게 하는 것보다 더 어리석은 일은 없다. 건강한 대리모가 낫다.' '습관은 자연의 부족함을 대체할 것이다.' '어린아이 교육(대체)은 어머니의 대체인 선생님에게 맡겨야 한다.' '어린아이에게 지력을 배양하도록 해야 한다.' '인간은 교육으로, 식물들은 인간이 재배함으로써 더 잘 자라고, 더 아름답게 완성되며, 인간은 유년기의 교육이 없었다면, 그 사람은 성년으로 살아남지 못한다.' '자연이 지닌 약점, 즉 어린아이의 약함과 무지는 교육으로 대체해야 하며, 문자(대체)로 세상을 움직일 수 있다.' '인간 역사 및 사회, 그리고 언어처럼 맹목성에서 대체로의 전이가 법이다.' 그리고 루소는 인간의 상징적 활동을 자신이 질타했던 야금학冶金學métallurgie에 비유했지만, 동시에 도치와 악이 세상을 움직이는 힘이라는 사실도 루소는 인정한다. 이렇게 해서 루소 담론은 소쉬르와 레비스트로스의 담론처럼 봉합될 수 없는 모순으로 자동해체된다auto-deconstruct.

■ '저 위험한 대체'의 연쇄 체인

'저 위험한 대체'는 루소가 《고백록》 그리고 《언어 기원론》의 〈글쓰기에 대해서〉에서 사용했던 말이다(233/163, 397/280). 데리다는 루소가 사용한 이 '대체'를 차연의 또 하나의 상이한 반복이자 기표로 사용한다(215/150, 397-398/281-282). 이 대체는 차연처럼 '세상의 유희'(367/259)이며, 이원구조로는 설명, 포착되지 않는다. 차연처럼 '대체는 유희·게임의 비논리적 논리에 응한다'(367/259). 동시에 이는 재현이다. 이원론자들은 이 재현이 이원구조에 터한 변증법을 통해 원래 비워 있었던 것, 즉 현존, 의미, 순수, 무한 등을 채우고 급기야 잉여분까지 생산한다고 믿었다. 그리고 이것이 루소의 믿음이었다. 그러나 대체는 대체로 대체되는 것이어서 개념, 이념, 의미, 고유성, 순수, 그 어떤 것도 되돌려주지 않는다: '글쓰기의 대체적 위협은 말보다 더 오래 된 것'(237/167)이기 때문이다.

프랑스어 대체하다suppléer에는 두 가지 뜻이 있다. 첫째는 이미 완성된 것에 덧붙이는 장식이나 잉여다. 둘째는 교환 혹은 대리代理다. 데리다의 대체는 서구 전통 철학이 전제하는 존재, 현존이 아니라, 대체 그 자체의 무한 증가를 의미한다. 《로베르》 프랑스어 사전이 명시하듯, '외부적 보탬'(데리다의 밑줄. 208/145)이다. 그러나 철저하게 이 외부적 보탬이 구조의 내부(폐쇄 영역)를 무한대로 팽창시키면서 변화시킨다(442/314). 다만 '보충'되어야 할 것을 파괴하고, 전혀 상관없는 대체로 대체될 뿐이다.

대체는 외부적, 그래서 드러내야 하는 것과는 철저하게 이질적인 대체(차연) 자체가 끊임없이 증가된다. 따라서 대체는 보충과는 달리 잉여적 보탬을 발생시킬 수 없다(233/163, 412/292, 441/313). 대체는 체계 안에서 체인으로 진행(데리다의 밑줄)되기 때문이다. 대체는 한 개인의 욕망과는 무관하게 망각, 억압, 생략으로 지속되며 무한대로 팽창한다. 데리다는 자신이 사용하는 suppléer의 뜻은 보충補充complément이 아니라, 외부적 보탬임을 《로베르》 사전을 조회하면서 강조했다(데리다의 밑줄. 208/145). 그리고 데리다는 '차연에서 보충補充은 결코 발생하지 않는다'고 했다(《여백들》 261/220).[24] 대체는 다만 글자의 문법(체계)과 사회 관습이라는 이중의 관습(414/293)을 따르며, 이 두 가지의 관습 안에서만 팽창한다(424/299). 대체는 체계의 힘일 뿐이다. 따라서 대체는 무현존non-presence이다. 대체는 현존을 대체로 대체한다. 대체의 근원에는 대체가 있을 뿐이다(428/303-304). 그래서 대체가 기원이다. 순수 기원이란 서구 신화(신학)가 만든 전제다.

대체 역시 차연의 또 다른 상이한 반복, 기표다. 서구 전통 철학이 전세한 진리, 존재, 의식은 언어의 기원이 되는 이 대체로 인해 진리, 존재, 의식과는 아무 관계가 없다. 진리, 존재, 의식은 차연으로 인해 매우 잡종적이고 이질적인 것이 되었다. 문자의 탄생은 무한대로 엄청나게 팽창하면서, 선험적 본질을 사라지게dépense 하고 제외시키고, 체계의 힘만 엄청나게 증가되면서, 진리나 기의를 보유réserve하는 것이 아니라, 철저하게 외재적인 체계 자체의 효과(무, 심연)만을 보유한다. '흔적은 … 의 흔적이 아닌' 것처럼. 그럼에도 쭉정이 기표에 불과한 차연과 흔적이 중요한 것처럼(157/107), 체계의 힘에 불과한 대체 역시 중요하다(다시 이중성). 왜냐하면 이것으로 대체가 제외시킨 것을 탐구하는 계기와 도구 혹은 발판이 되기 때문이다. 이러한 대체는 이분법으로는 설명되지 않기 때문에 철저하게 중성적이다(142/93). 이 결과 '대체는 논리적 비논리에만 반응한다'(369/259). 그래서 '대체는 세상의 유희다.' 이러한 대체는 우연이며, 이 '우연은 시스템의 일부가 아니다'(365/258). 이러한 대체가 만드는 심연은 행복한 사건도 불행한 사건도 아니다. 주어진 자연 환경에서 살아남기 위한 필요에 대응하는 인간이 고안해낸 대책과 대처가 대체다.

---

24 그러므로 우리나라 학자들 모두 '대체'를 '대리보충'이라 번역하는 데, 무엇이 보충되는지에 대한 구체적 설명이 반듯이 있어어야 한다.

루소는 자신의 실제 삶과 작가의 삶, 그리고 교육이 대체로 가능하다는 사실을 자명하게 알고 있었지만, 끝까지 순수 vs 비순수라는 이원구조를 고수했다. 이 결과 곧 아래에서 보겠지만, 루소의 담론은 처참할 정도로 균열되면서 자동해체 된다. 이런 이유로 데리다는 루소가 헤겔의 《엔치클로페디》와 플라톤의 《파이드로스》, 이 두 텍스트 사이에서 차지하는 위치가 아주 독특하다고 한다. 루소는 헤겔이나 플라톤처럼 목소리 vs 문자의 이원구조를 철저하게 믿었지만, 동시에 플라톤과 헤겔과는 달리 문자에 깊이 매료되어, 문자에 대한 탐구를 치열하게 한 결과, 루소의 텍스트는 극심하게 갈라지는 결과를 드러내기 때문이다.

루소는 음성이 아니라 문자가 언어의 의미 생성을 가능케 한다는 사실을 충분히 알았지만, 그럼에도 불구하고 문자를 타도하고, 18세기에 대두되었던 보편언어를 격렬하게 반대하고 음성주의를 보호하고자 했던 이유는 '태초의 말씀'(신학)을 고수하기 위해서였다. 이 결과 루소는 한편으로는 문자를 질시하지만, 동시에 자신이 점점 문자, 즉 '위험한 대체'(차연)를 통해서만 자신을 정립할 수 있음을 자각했고, 이를 실천하면서, 문자에 대해 가장 깊은 고뇌에 찬 궁구를 했다. 이로 인해 루소는 가장 극심한 분열과 모순, 그리고 고통(232/162)을 경험했다. 이로 인해 루소의 담론은 규칙적으로 모순을 발생시킨다. 이것을 데리다는 '이상하고 선명한 통일성'(204/142, 207/144, 268/189)이라 표현했다. '이상하다'는 것은 이원구조가 근거 없지만, 겉으로 보기에는 '선명한 통일성'을 지닌다는 뜻이다. 낮과 밤, 남자와 여자, 선과 악 등 너무나 선명해 보이기 때문이다. 이러한 선명함이 이원구조가 지닌 유혹이고, 이원구조가 서구철학사 내내 사용될 수 있었던 이유 중 하나다. 이러한 이원구조의 선명성의 유혹에서 자유롭지 못했던 루소는 자연 vs 이성, 혹은 순수 vs 타락이라는 이분법을 《고백록》, 《에밀》, 《사회 계약설》, 그리고 《언어 기원론》에서 고수하기 때문에, 루소의 담론은 극도의 모순이 규칙적으로, 그리고 동시에 역동적으로 드러나면서 둘로 갈라진다. 《에밀》과 《언어 기원론》의 이러한 역동성은 명확해 보이는 이원구조 체계의 힘과 편리함에 기인한 것이지만, 동시에 인종중심주의와 유럽중심주의의 환상, 미망, 환각이 폐쇄의 이원구조 안에서 드러내는 모순으로 자동해체되기 때문에 이상한 체계(316/221)다.

3. 루소가 사용한 이원구조들 그리고 이의 모순

루소의 담론 모두는 순수 vs 타락이라는 이분법에 기초해 있다. 루소가 '순수'로 간주한 것은 자연, 열정, 상상력, 동정심, 인간성, 자유 등이며, '타락'으로 간주한 것은 사회, 계산, 필요, 이성, 완벽성, 이익, 오성, 이해 등이다. 여기서는 다만 상상력과 동정심에 대한 루소의 상충되는 언급에 대해서만 지적한다.

(1) 상상력

루소는 상상력은 순수하다고 전제한다. 그러나 상상력은 현전, 의미, 자아를 그대로 드러내는 것이 아니다. 만약 드러난다면, 그리고 루소가 주장한 대로 상상력이 우리의 의식을 발전시키는 것이라면, 이는 상상력에 구멍(259/182)을 내는 것으로 가능하다. '구멍'은 '차연'의 또 하나의 상이한 반복으로 폭력이자 죽음을 뜻한다(이 책 94). 원래 상상력은 기존의 감각들의 기존의 틀을 넘어서며 인지하지 못했던 것을 예기하고 이로 향하지만, 드러나기 위해서 상상력 역시 외부 체계와 이분법 안에 갇힌다. 루소 역시 이 사실을 알고 있었다. 루소가 말parole·speech이 체계(이분법)와 상상력의 합작품임을 인정할 때다(259/182). 그럼에도 루소는 이분법을 고수했다. 이 결과 루소가 여전히 타락으로 간주한 이성, 그리고 이에 반한다고 상정한 순수한 상상력, 이 둘은 결국 동일해진다. 둘 다 대체(차연)로 만들어진 표상(허구)으로 드러나기 때문이다. 상상력 역시 이분법에서 탄생된 동일한 관계(차이)의 체계(죽음)에 속한다. 이렇듯 모든 것은 재현의 장소인 무대 장면(허구, 대체)에서 시작될 수밖에 없다. 이런 과정을 거치지 않으면 상상력, 동정심 혹은 열정은 드러나지 않는다. 그러나 일단 드러나면 체계에 의해 '구멍'이 뚫린다. 천연적 자연 또한 마찬가지다(263/187).

(2) 동정심

루소는 《에밀》, 그리고 《사회 계약설》 〈서문〉에서 동정심은 자연적, 선천적(258/181), 혹은 즉흥적이며, 그래서 순수하기 때문에 모든 것에 선재한다고 선언했다. 동정심이 인간의 가장 근원적 감정이며, 상상력만이 동정심을 촉발하고 겉으로 드러낼 수 있다고 했다. 즉 루소는 동정심은 본능적이고 자연적인 것으로 간주, 가장 끔찍한 타락이 발생하는 사회에서도 파괴되지 않는다고 주장했다. 이는 홉스의 '만인 대 만인의 투쟁'과는 반대되는 입장이다.

그러나 동시에 루소는 미덕과 동정심은 오직 대체를 통해 가능하다고 선언한다: '인간의 동정심은 … 깨어나지 않으면, 영원히 가능태로 남아 있을 것이다'(263/185). 동정심 역시 외부 체계에 의해 죽은 상태로 태어난다는 사실을 루소 역시 알고 있었다. 그래서 루소는 선천적이고 자연적인 동정심은 이성적 성찰로 인해 목이 졸리거나 타락한다고 했다. 루소는 자연적이고 순수한 연민과 동정심을 간직하는

'부드러운 목소리'에 우리 모두 복종(183-184/173)하며, 이 '부드러운 목소리'는 어머니이자, 대문자의 자연인 동시에 바로 우리 모두가 복종해야 하는 신이자 법임을 강조한다. 이렇게 해서 순수한 자연으로 연민과 동정심을 간직한 음성은 루소 자신이 타락, 재앙, 인위로 간주한 법이 되면서, 이 둘은 동일해진다. 루소는 이 '부드러운 목소리'를 법의 불복종으로 규정하고, 이를 기괴함이라고까지 한다. '자연으로 돌아가라!'를 외치며 법을 순수한 자연으로 부터의 타락, 그래서 기괴함이라고 규징했던 루소는 이제는 법에 복종하지 않는 것을 기괴함으로 간주한다. 법에 복종하면 보호를 받는다고 하면서, 루소는 《에밀》에서 이러한 목소리이자 동시에 법인 신의 말은 비밀을 품고 있는 인간 개개인의 가슴에 새겨져 있다고 말한다(246/174). 혼란은 피할 수 없게 된다. 루소는 '부드러운 목소리'인 이 법으로의 복종과 불복종, 둘 다가 동시에 가능하다고 말한다. 이렇게 해서 모순은 빠르게 증폭된다. 마침내 루소는 《언어 기원론》에서 동정심(연민)은 선천적인 것이라고 더 이상 주장하지 않는다. 이전의 자신의 주장을 뒤집고, 루소는 동정심은 선천적인 것이 아니라, 악과의 전투성이 선천적이라 한다. 스타로뱅스키Jean Starobinski는 《언어 기원론》에서 루소는 중재되지 않은, 천연 그대로의, 용솟음치는 동정심을 인정하지 않았다고 지적했다. 사실 루소는 《사회 불평등의 기원론》과 《언어 기원론》에서 '매개되지 않은 연민과 공감은 없'으며, 지구상에 홀로된 개인은 서로가 서로를 약탈하는 잔혹한 동물이 된다고 말했다(259/182). 형제애가 아니라, 오로지 힘의 법칙으로 결속되어, 각자 모두는 각자 모두의 적이라고 믿는, 지구 위에 홀로 된 잔인한 동물인 개인을 법으로 교정해야 함을 주장했다. 이러한 루소의 말은 루소 자신이 처음에는 반대했던 홉스의 '만인 대 만인의 투쟁'과 흡사하다.

이렇게 해서 루소의 담론 역시 이원구조에 터한 수많은 서구 전통 담론들처럼 크게 벌린 사람의 입béance처럼 갈라져 봉합될 수 없는 결절을 드러낸다. 개념은 문자로 쓰임으로서 텍스트에서 오로지 텅 빈 구멍의 결절로 우리 눈에 보였다. 시공간화에서 일직선적 논리로. 이로써 눈에 보이지 않는 것이 구멍으로 열렸다. 그러나 이 열림(구멍, 폭력)으로 우리가 무엇을 본다고 전제했던 것은 보지 못한다. 보지 못하는 이 지점, 즉 맹점blind spot을 종전까지는 중심으로 착각했다. 그러나 데리다는 자신의 해체적 독법과 다양한 해체적 글쓰기, 이중 전략을 통해, 중심으로 착각한 이 맹점을 환lure·illusion, 혹은 폐쇄의 이원구조 안, 즉 심연 안에서 글로 짜인textile 텍스트text(233/163)로 인식해야 한다고 주문한다. 우리가 중시했던 직선적이며 명확한 논리는 모두 폐쇄 속의 허구를 중심으로 착각했기 때문이다. 그러나 이 말은 논리의 명확성을 드러내거나 이에 따르는 훈련을 그만두자는 말이 결코 아니다. 데리다 해체는 논리의 명확성을 철저하게 따진 끝에 터져 나온 잉여적 결과이자 여명이다.

❁ 벌어진 입

폐쇄된 이원구조를 따라 구성된 소쉬르의 언어학과 루소의 담론을 데리다가 '방사선 검사'로 점검한 결과, 이원구조는 완전히 폐쇄된 것이 아니라, 폐쇄의 안은 놀랍게도 사람의 입처럼 벌어져 있다. 우리가 줄곧 지적해온 대로, 이원구조의 폐쇄는 폐쇄인 동시에 자체적 모순으로 갈라져 있음이 확인되었다. 즉 폐쇄이지만 동시에 열려있는 이중적 상태다. 이 벌어진 구멍(이 책 94)을 자원으로 데리다는 미래(해체)로 향했다. 이것이 데리다가 과거의 텍스트를 해체적으로 읽으면 미래의 자원이 된다고 말한 이유 중 하나다.

4부 루소의 《언어 기원론》

1. 《언어 기원론》의 생성과 구조가 드러내는 모순

루소의 《언어 기원론》은 널리 알려진 저서는 아니었다. 이의 출간 및 집필 연도 역시 명확하지 않다. 다만 데리다는 여러 가지 증거를 통해, 이 책은 상당히 오랜 기간에 걸쳐 루소가 집필, 수정, 재편집한 것임을 밝힌다. 확실한 것은 1749년 달랑베르에게 보낸 편지에서 루소는 《백과사전》을 위해 《언어 기원론》을 집필해 오면서, 수정과 보완을 거듭 했음을 밝혔으나, 출판 시기는 미정이라 했다. 그런데 《고백록》의 두 편집자들(B. Ganebin과 M. Raymond de Peyrou)은 1781년 루소의 《언어 기원론》이 제네바에서 출판되었다고 기록했다.

데리다는 《언어 기원론》이 널리 알려지지 않았다고 해서 결코 중요하지 않은 책이 아님을 상기시킨다. 왜냐하면 루소가 장기간 공을 들였고, 이 과정에서 수정과 재편집을 반복했으며, 루소의 《고백록》의 위 두 편집자들 또한 《언어 기원론》은 1750년까지 루소가 깨닫지 못한 식견을 담고 있다고 극찬했기 때문이다. 그럼에도 불구하고《언어 기원론》의 '생성과 구조' 역시 이원구조에 의해 생성되었다. 이런 이유로 루소의《언어 기원론》역시 후설이 40년간 공을 들인《이념》처럼 이원구조가 끊임없이 세분화되면서 무한대로 양산되고(이 책 136), 이 결과 봉합될 수 없는 모순이 증폭되면서 자체적으로 해체된다.

루소는 다른 모든 서구 전통 철학자들처럼 순수한 말은 기표가 필요가 없는 자유 그 자체임을《에밀》에서 되풀이해 선언했다: '당신의 첫 번째 선물은 족쇄, 첫 번째 치료는 고문. 목소리만이 자유로운 것.' 루소의《언어 기원론》은 멀리는 플라톤, 그리고 가까이는 뒤클로C. P. Duclos가 그의 저서《인간 인식 기원론》(1746)에서 제시한 신학적 논제를 실험하고 완성시키기 위한 것이다. 레비스트로스가 원주민들에게 실시한 '글쓰기 수업'을 서구 형이상학적 전제를 증명할 수 있는 인덱스로 사용하려 했던 것처럼(이 책 104-106), 루소 역시 신학적 논의를 위한 제1의 필요 조건인 이원구조로 언어의 기원 문제를 풀려고 단단히 결심했다(338/238). 음성중심주의를 고수 했던 뒤클로는 발음이 부드러워지는 것을 타락으로 간주했고, 이를 막기 위해서는 그리스와 로마 법정에서 사용된 발음을 그대로 고수해야 하며, 문자(글자)가 인간을 노예화시킨다고 주장하면서, 바로 이런 이유로 문자는 악이고 타락이기 때문에 '철학적 내사內査'가 필요하다고 강변했다. 루소는 이러한 뒤클로를 그대로 따랐다(239-240/168).

이 결과 규칙적으로 발생되는 모순은《언어 기원론》에서 그 도를 더 해간다(332/233). 루소는 '기표와 기의를 구별할 수 없으며, 단어를 바꾸는 것은 생각을 바꾸는 것'이라고 주장하면서도, 여전히 이원구조에 옥죄어 있었다. 루소가 언어 기원에 대해 성찰하면서 그가 설정한 이원구조는 무수히 많다. 아래에서는 이 중 다섯 개만 선택했다.

순수 자연 vs 법(체계)

오막집 vs 사회

열정(남쪽언어) vs 필요(북쪽언어)

열정의 외마디 외침accent vs 언어의 분절과 차이articulation

말없는 몸짓언어 vs 분절된 글자

루소는 위의 이분법들을 강력히 주장하고 고수했지만, 동시에 이것들이 유지되지 않는다는 사실도 잘 알고 있었다. 이를 데리다는 다음과 같이 표현했다: '루소는 이러한 분리를 끊임없이 했으면서도, 이러한 분리를 동시에 끊임없이 부정한다'(334/235). 루소는 음성중심주의를 고수했지만, 동시에 알파벳 음성언어가 최악의 언어, 즉 자연으로부터 가장 멀리 떨어져 나온 언어임을 명확히 알고 있었다(427/302). 이 결과,

> 《언어 기원론》은 이러한 모순을 해결하기 위해 두 개의 지점을 설정하고 한쪽을 칭찬으로 시작하지만, 결국 저주로 끝낸다. 루소는 목소리 없는 언어[말없는 몸짓언어]를 극찬하지만, 끝에 가서는 이를 저주한다. … [루소에게] 말없는 몸의 언어는 자유에 대한 즉각적인 기호였다. 즉 고유하게 자유가 현전하는 것으로 간주했다. 그러나 말없는 순수한 기호는 순수한 침묵이 아니라, 법칙을 따르는 노예가 된다. 기호의 체계 밖은 없다. 따라서 텍스트 밖에는 아무것도 없다. 그럼에도 불구하고 … 분절과 차이가 없는 기원, 즉 한 번도 들려온 적이 없는 방식으로 자체적으로 표현된다고 전제된 즉각적 기호에 대한 욕망은 매우 유혹적이다. (데리다의 밑줄. 332-333/233-234)

루소는 처음에는 위 도식에서 왼쪽의 것 모두를 '자연적인 것'으로 간주한다. 그러나 이것들을 순수한 자연에서 찾을 수 없게 되자, 자연 안에 타락이 있게 된다(자연=타락). 이렇게 해서 루소가 선과 순수로

간주한 자연적 즉각성은 기원인 동시에 죽음이라는 이중적 의미를 지닌다. 즉 둘은 동일한 것이 된다: 탄생은 미완성의 스케치로 시작하고, 이를 완성하는 완벽함은 죽음으로 귀결된다. 이런 식으로 모순은 규칙적으로 매우 뚜렷하게 드러난다(331-332/233). 이러한 모순을 루소 자신도 자명하게 알고 있었다. 이 결과 루소는 '순수 기원에서 타락으로 이동된 지점을 찾는 일은 너무나 어렵고 공포 그 자체여서, 이 일을 다른 사람에게 넘기고 싶다'(328/230)고 하면서, 언어 기원(탄생)과 사회는 동시에 발생했음을 인정한다(330/230-231).

루소가 이렇게 갈팡질팡하는 원인은 무엇인가? 서구 전통 철학은 문자가 없는, 즉 언어 문법에서 완전히 면제된, 자연 그대로의, 그럼에도 불구하고 의미가 있는 목소리가 있다는 서구인들만의 '환각' 속에서, 서구는 전적으로 문자(언어=차연)에 기대어 철학을 하면서도, 음성(순수 진리, 순수 의미)을 되찾을 수 있다고 주장해온 음성중심주의, 즉 신학(신화)에 루소가 고착되어 있었기 때문이다. 서구철학이 철저하게 문자와 이원구조에 기대어, 늘 문자를 섬기고 사용하고 있었지만, 이를 음성으로 착각했다. 이런 착각이 루소에게도 엄청난 '인식론적 장애'가 되었다.

루소는《언어 기원론》의 중요한 부분을 차지하고 있는 음악에 관해서도 이분법을 고수한다: 멜로디(순수) vs 하모니(비순수). 그러나 이러한 이분법도 성립될 수 없다. 멜로디와 하모니 역시 언어처럼 다른 음들과의 차이로 가능해지기 때문이다. 우리의 감정을 그토록 흔드는 음악의 선율의 기본 단위가 되는 반음의 차이, 즉 스케일scale은 그리스어로 크로마chroma이며, 이는 문법gramme과 차이를 뜻한다. 음악 역시 소리 본연의, 즉 자연의 소리 그 자체가 아니라, 이 자체와는 외재적 차이로 음악효과가 가능해진다. 이 결과 루소는 후설처럼 이원구조를 믿고 이원화를 계속하지만, 결국 '천년을 소비해도 멜로디와 하모니의 차이, 그리고 모방의 기원을 알아낼 수 없다'(355-356/215)고 고백했다.

그럼에도 불구하고 《언어 기원론》 8장에서 루소는 언어 기원을 찾기 위해 긴 이탈을 할 것(314/220)이라 했고, 이 이탈은 반드시 되돌아가야 하는 길임을 주장한다. 이것은 폐쇄된 이원구조 안에서 헤겔이 말하는 변증법의 우회로를 거쳐 순수 기원, 순수 목소리, 현전, 낙원으로 되돌아간다는 것으로, 이것이 바로 서구의 모든 전통 담론들, 즉 유령론들의 목적이다(이 책 141-145). 그러나 결과적으로 루소가 주장하는 이 긴 이탈은 순수로 되돌아가는 것이 아니라, 인간이 만든 제도를 알아가는 과정이었다. 그래서 루소는 끊임없이 그리고 동시에 모순되는 말을 했다. 《언어 기원론》에서 순수 음성을 언어의 기원으로 간주하는 루소-A, 이와는 반대로 문자를 언어의 기원으로 간주하는 루소-B, 그리고 이에 따른 결과를 루소-C로 정리했다.

루소-A

① 의성어도 존재한다(《언어 기원론》 4장)고 언명한다.

② 뒤클로가 《인간 지식의 기원론》(1746)에서 언어 기원은 목소리이며, 목소리(말)가 글자(문자)보다 훨씬 효과적으로 인간의 심리 속에 침투해 인각된다(341-342/239-240)고 했던 주장을 루소는 그대로 따른다. 이 결과 루소는 '목소리만이 자유로운 것'(237/168)이며, 말이 우리의 심리를 강력하게 자극함으로써 발생되는 효과를 고유한 시너지synergy 혹은 공감각共感覺 synestheia 그 자체라고 주장한다.

③ 가장 순수한 말은 숨Neume으로, 이는 신에 의해 주어지는 것이

고, 홀로 기도하면, 이 순수한 말을 들을 수도 있으며, 루소는 이 순수한 말인 신의 음성을 생피에르 섬에서 들었다고 고백했다(355/249). 이는 교황들이 빈번히 했던 말이다(356/251).

④ 루소는 콩디야크Etinne Bonnot de Condillac(1715-1780)를 질정했다. 왜냐하면 콩디야크는 언어를 만든 사람들이 살았던 사회제도와 관습이 언어 기원의 결정적 요인임을 주장했기 때문이다(312/219).

⑤ 언어의 조건은 이중 분절화(324/228)임을 이미 알고 있었지만(루소—B ④), 루소는 끝까지 이 사실을 부정한다(312/219).

루소-B

① '글자가 말의 전야前夜'(340/238)임을 루소는 천명한다.

② '요술지팡이에 새겨진 부적, 중국 뜻글자, 고대문자가 원시적인 목소리를 이끌어내는 표현'이라고 확신한다(340/238).

③ 모든 언어는 수사적임을 알고 이를 인정한다(157/107).

④ 언어 구조는 자연적 원인들로는 설명될 수 없고 오로지 차이와 분절만이 언어의 가장 기본적인 특징이며, 언어는 자연적이지 않는 다른 것으로 결정된다(330/232)고 선언한다.

⑤ '소리 없는 기호[문자]가 존경'되어야 하며, '말은 재앙(343/241)'이며, '목소리(말)는 문자로 대체한 소리'이며, '어근학은 미신'(326/228)이라고 주장한다.

루소-C

① 모든 체계, 언어, 사회에 필요한 원칙이 되는 분절화에 긍정적 가치를 부여한다. 동시에 체계와 분절화로 인해 배제된 모든 것, 즉 삶, 에너지, 정열에도 긍정적 가치를 부여한다.

② 기호 문자와 목소리, 이 둘에 동일한 가치를 부여한다(331/233, 338/235, 339/237). 문자는 중국 한자나 이집트 상형문자처럼 알파벳보다 열등한 글자라고 했으나, 동시에 이러한 문자와 글자는 음성언어 알파벳과 동일한 가치를 지녔다고 루소는 말한다. 필요와 정열을 늘 이분법으로 분리하지만, 동시에 이 둘은 합쳐진다는 것을 시인한다(314/221). 혹은 사랑은 말로 호소하는 것이 더 효과적이라고 하는가 하면, 또 한편으로는 말없는 기호(글자)가 더 효과적이라고 말한다. 원시시기를 황금시기로 간주하는가 하면, 다른 한편으로는 어리석음으로 간주한다(414/293). 자연을 찬미하지만, 동시에 몽매한 것으로 치부한다. 법을 악으로 간주하지만, 보편적 사회법을 순수하고 신성한 법이라고 주장한다(421/298). 이 결과 서로 반대된다고 간주했던 둘은 동일해진다. 이 책 139에 있는 그림, 폐쇄된 사각 안에서 ①과 ⑥이 만날 때.

③ 언어가 현존을 이중 관습, 분절 그리고 차이로 대체하고 연기시키는 것은 루소는 끊임없이 재앙이고 타락이라고 했지만, 동시에 이것은 루소 자신에게 많은 즐거움을 주었고, 또한 자신을 작가로서의 존재를 가능케 했음도 여러 곳에서 고백했다.

④ 음성의 우위를 주장하다가 순식간에 문자의 우위를 주장하며, 예증의 순서를 뒤바꾼다(339-341/238-239).

⑤ 이원구조가 무한 양산된다: 루소는 남쪽언어 vs 북쪽언어라는 두 가지 언어가 있다고 상정한다. 늘 루소는 순수와 정열로 잉태되었다고 전제한 남쪽언어에 언어의 기원이 있다고 주장하지만, 남쪽언어에서도 기원을 발견할 수 없게 되자 남쪽언어를 다시 남쪽언어와 북쪽언어로 나눈다. 그러나 남쪽언어의 남쪽언

어에서도 기원을 찾을 수 없게 되자, 이것도 다시 둘로 나눈다(305/212). 이때의 북쪽언어를 '덜 남쪽언어'(아래 그림 ④)라 했다. 그러나 남쪽 언어(아래 그림 ③)에서도 기원을 찾을 수 없자, ③을 또 이분화 한다. 이러한 과정과 전제는 후설이 《이념》에서 무한정 진행시켰던 '괄호치기' 과정과 다르지 않다. 루소는 이분화를 계속하지만(……) 언어의 기원을 찾지 못했다. 후설도 자신이 찾고자 했던 '현상학적 목소리'를 찾지 못했던 것처럼.

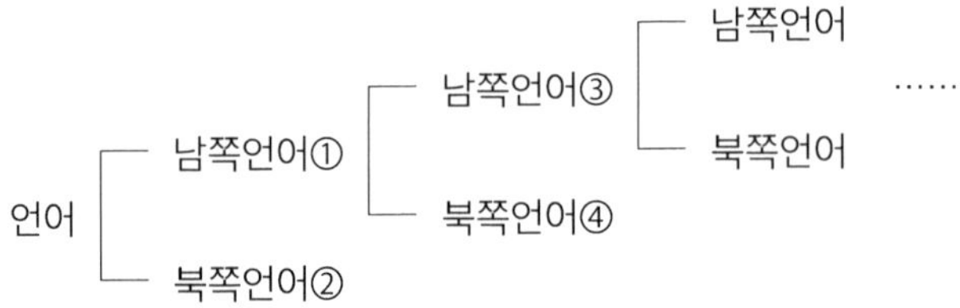

북쪽언어와 남쪽언어, 이 둘 역시 서로 동일한 것이다. 둘 다 폐쇄의 이원구조 안에 있기 때문에, 남쪽과 북쪽은 단지 선언, 기술記述 그리고 수사의 차이에 불과하다(312/218, 이 책 55-62 ❁ 〈내부=외부〉).

이상에서 본 대로, 반복되는 모순으로 갈라지는 루소 담론에 대한 데리다의 기술 역시 상이한 반복이다: '끔찍하고 참혹할 정도의 모순을 드러낸다.' '언어에 대한 고찰에서 루소가 직시한 사실 vs 루소가 지키기 원하는 원칙, 즉 언어 실제 현상과 문법에 대해 루소가 직시하고 기술했던 것 vs 루소 자신의 이상적 바람, 언어가 순수 기원으로부터의 타락에서 비롯된 것이라는 루소의 형이상학적 전제와 선언, 이 두 개는 서로 충돌한다.' '이 결과 균열이 루소 담론의 법칙처럼 규칙적으로 드러난다'(310/217, 332/233, 339/238-239). '루소는 말하지 않으면서 말하고 있었고, 보지 않으면서 보고 있었다.' '루소는 선언하고자 했던 것을 선언했다. 그리고 루소가 시행한 언어 관찰의 결과에 대한 기술은 비밀리에 한다'(341/239, 443/315). '마침내 루소는 자신이 순수 자연에 반反하는 악으로 간주한 사회계약의 질서가 신성한 법'(374/265)이라 했다. 이렇게 해서 반대된다고 루소가 전제했던 이 둘, 즉 남쪽언어 vs 북쪽 언어, 그리고 법(타락 이후) vs 순수 자연과 목소리(타락 이전)는 루소의 담론 안에서 만나 동일해진다. 이것이 바로 이원구조 폐쇄 속의 제자리 맴돌기다.

2. 이원구조 폐쇄 속의 제자리 맴돌기

이분법으로 언어의 순수 기원(탄생)의 순간 포착이 실질적으로 불가능해지자, 루소는 헤겔처럼, 역사 이전 언어를 언어의 기원으로 상정한다(360/254). 그러나 루소가 의지한 《성경》에도 이미 농경사회는 부권 사회이며 동시에 언어가 있었음을 알고 이 전제를 포기한다. 그러나 《성경》은 다시 루소를 구원해주는 것 같다고 데리다는 패러디한다. 물론 이는 반어법이다. 루소가 《성경》을 따라 이 문제를 해결하고자 했으나, 아래에서 보듯 해결하지 못했기 때문이다.

《성경》에는 신이 인간에게 선물로 준 언어를 처음부터 사용했지만, 노아 홍수 같은 재앙이나, 인간이 저지른 죄악으로 인해 발생된 데카당스 혹은 야만주의로 인해 농경사회가 무너지자, 모든 것은 처음부터 다시 시작했고, 이러한 과정이 열 번 되풀이된 것으로 기록되어 있다. 언어 기원에 대한 루소의 철학적 고찰은 다시 0점에서 시작할 수 있는 철학적 기반을 《성경》으로부터 얻고, 루소의 담론은 다시 처음 지점으로 되돌아가 또다시 돈다(359-360/254-255)고 데리다는 패러디한다.

이렇게 해서 언어 기원에 관한 루소의 고찰은 폐쇄 속에서 제자리 맴돌기를 되풀이한다. 즉, 시작(기원)→ 발달 과정→데카당스와 타락 → 대홍수로 마무리(종말)→시작(기원)→발달 과정→데카당스와 타락→재앙으로 마무리(종말)→시작(기원)으로. 루소는《사회 계약설》에서 '우리는 항상 돌아가야만 한다'고 말한다(374/265). 돌아간다는 것은 이원구조에 기반한 가장 일반적인 서구 담론인 유령론의 목적이다(이 책 141-146). 어디로 돌아가는가? 순수 기원, 순수 목소리로. 그래서 이 되돌아가기가 루소의 담론에서 매번 되풀이되지만, 시작(기원)과 끝(종말), 이 둘은 폐쇄의 이원구조 안에서 결국 만나(이 책 139 그림) 허구(무대 장면, 유령효과)로 발생한다. 허구로는 발생했으나, 실재의 기원과 종말이 발생한 것이 아니다. 이렇게 제자리 맴돌기를 하는 이유는 신이 말없이 손가락으로 지구의 축을 돌렸을 때 재앙과 환란이 생겼지만, 바로 이 재앙과 환란 덕택으로 다시 기원으로 되돌아가, 기원에서 다시 시작할 수 있도록 했다(359-360/254-255, 376/266)는《성경》의 말을 루소가 곧이곧대로 믿었기 때문이다.

그러나 동시에 루소는 이원구조 안에서 자신이 찾았던 기원이 허구의 기원임을 알았다. 그래서 루소는 기원을 '거의 기원 같은 기원', 혹은 종말을 '거의 종말 같은 종말'이라 표현했다. 이렇게 해서 가짜의 혹은 허구의 기원과 종말, 이 둘은 폐쇄의 이원구조(허구) 안에서의 맴돌기가 한 차례 끝날 때마다 만난다. 이것이 루소 담론이 드러내는 이원구조의 폐쇄 속의 제자리 맴돌기다(《입문》 257,《데리다와 문학》 128).

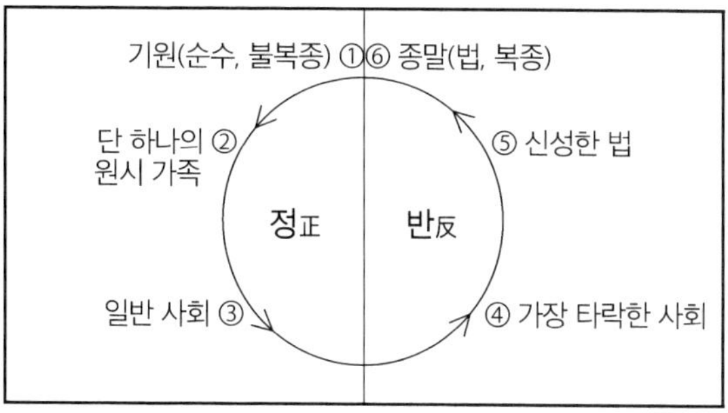

①은 자연 그 자체로 가장 순수 상태로, 그 어떤 법에 대한 복종도 필요 없는 기원, 에덴동산의 상태.

②는 절대 순수 기원(①), 복종이 필요 없었던 시기가 막 끝난 직후, 완전한 사회가 형성되기 직전, 이 단계는 세상에 단 한 개의 오두막에 단 하나의 원시 가족만 살았고, 이 가족끼리는 언어 없이 의사 소통이 가능했던 시기로, 가장 덜 타락한 상태로 루소가 상정한 시기다.

③은 오른쪽의 반反의 상태로 넘어오기 직전, 그러나 ②보다 많이 타락한 사회라고 루소가 가정한 시기다.

④는 일반 사회(③)가 완전히 타락한 직후, 괴물스러운 병리적 착취가 사회에 횡행하고, 이의 결과로 불평등과 범죄가 매우 심각한, 가장 타락한 사회라고 루소가 추정한 시기다.

⑤는 극도의 타락 단계인 ④를 제거하기 위해 신성한 법의 개입이 불가피하다고 루소가 단정한 시기다.

⑥은 신성한 법을 통해 ⑤의 극도의 타락 상태가 사라지면(종말), 다시 낙원(기원)을 되찾는다고 루소는 추정했다.

이렇게 해서 이원구조 폐쇄 안에서 ①과 ⑥은 만나 동일한 것이 된다: 기원(순수, 불복종)=종말(법, 복종). 루소는 처음에는 법은 타락이라고 규정했지만, 결국 타락이라고 간주했던 법은 신성한 법이 된다(374/265). 마찬가지로 순수 자연 그 자체로 루소가 간주했던 '하늘의 목소리'가 루소가 타락으로 간주했던 '문자로 쓰인 법'이 된다(421/298).

서로 대조된다고 한 것들, 즉 정과 반이 위에서 본 것처럼 동일해지는 사실은 이렇게 매우 구체적으로, 그리고 매우 뚜렷하게 드러난다(331-332/233). 루소 자신도 이러한 자신의 모순에 대해 잘 알고 있었다. 그럼에도 불구하고 루소는 언어의 기원은 라미 신부神父의 신학적 가정을 그대로 고수하고 인용한다. 이렇게 이원구조에 터한 모든 서구 전통 담론들은 이의 모순을 감춘 채, 그대로 유지되었다(《여백들》 174-175/144).

폐쇄의 순환 속에서 빠져나올 수 없었던 루소의 담론이 끊임없이 좌충우돌하면서 서서히 추락하고 자동해체되는 이유를 데리다는 다음과 같이 말했다: '비록 많은 경우 루소가 앞서가는 언어관을 인용하고 스스로 말하지만, 여전히 강렬한 형이상학적 욕망 때문이다.' 또한 비록 루소가 언어에 대해 다른 사상가들의 혜안을 많이 인용하고, 루소 자신이 문자와 언어의 속성에 대해 명철하게 인지하고 있었지만, '문자에 대한 루소 자신의 통찰과 혜안을 여전히 자신의 담화 안에서 놀게 할 뿐, 루소 자신의 담론이 보이고 있는 엄청난 모순을 제거하거나, 제대로 추스르지는 못한다'고 데리다는 평가하며, 폐쇄된 원환圓環 안에서 돌아가는 루소 담론의 '역동성을 인종중심주의와 유럽중심주의, 서구의 환상, 미망, 환각이 돌아가는 이상한 체계'(316/221)라 했다.

☸ 유령론—폐쇄 속의 제자리 맴돌기

폐쇄된 이원구조 안에서 둘로 나뉜 정과 반은 동일하지만, 서구 전통 철학은 서로 다르다는 '알리바이'를 제공하며 '공모'했던 사실을 우리는 여러 번 지적했다. 이 결과 루소가 이분법으로 기원을 찾으려 했으나, 기원이 종말이 된다는 사실도 우리는 보았다. 이유는 폐쇄 속의 정과 반, 이 둘은 데리다가 주장하듯 동일한 것이기 때문이다(이 책 55-62 ☸ 〈내부=외부〉). 이렇듯 이원구조에 터한 서구의 전통 담론 모두는 루소 담론이 드러내는 폐쇄 속의 제자리 맴돌기를 한다. 루소, 소쉬르 혹은 초기의 레비스트로스처럼 기원과 종말을 동일한 것을 결정한 것을 데리다는 과다over- 혹은 자동auto- 결정이라 했다. '과다'는 이원구조(신학)를 너무 신뢰했다는 뜻이고, '자동'이란 이원구조를 무조건 믿고, 그대로 따라간 결정이기 때문에 자동이다.

이러한 루소 담론의 특징과 이의 결과, 그리고 폐쇄의 이원구조 안에서의 제자리 맴돌기는 이원구조를 강화한 변증법에 종속된 모든 서구 전통 인문학, 정치학 그리고 미학 담론이 드러내는 특징이다. 데리다는 이 제자리 맴돌기를 '지극히 제한되고 단힌, 자체적으로 작동되는 악한vicious 사이클'(《여백들》 175/145, 《그림》 38/32), 발레리나가 엄지발가락 끝을 세우고 몸을 돌리는 '제자리 맴돌기pirouette', '서구철학의 함정이 되는 이상한 사이클'(《글쓰기와 차이》 400/280) 등으로 표현했다. 그런데 헤겔의 저서명 《엔치클로페디Encyclopaedia》(1817)의 뜻은 백과사전이다. 데리다는 늘 논리적 근거를 촘촘하게 제시한 후, 언어유희로도 자신의 논지를 다시 뒷받침하고 강화한다는 것을 필자는 여러 번 언급했다. 즉 헤겔의 저서명이 말하듯, 변증법에 기반한 헤겔 철학은 서구철학의 '백과사전'이지만, 이는 절대정신으로의 지양이 아니라, 공전의 페달 밟기, 혹은 폐쇄의 윤전輪轉cycle of paideia,

폐쇄의 환상環狀, 혹은 윤상輪狀의 선전旋轉이 서구철학의 엔치클로페디(백과사전)임을 데리다는 지적한다(《그림》 28-32/24-27, 《데리다와 문학》 179). 이 《백과사전》, 그러나 알고 보면 페달 밟기에 지나지 않는 이것을 헤겔 역시 '고리ring'라 했다. 그리고 헤겔은 이것을 '사유의 축제'라고 했다. 그러나 데리다는 이것을 '심연의 폐쇄 속의 제자리 맴돌기'라 규정한다. 프로이트 역시 자신의 정신분석학이 앞으로 나아가지 못하는, 진전 없는 제자리 맴돌기leg-work, 혹은 '회전목마 타기'임을 끝내 알았고, '여기서 내리고 싶다'고 했지만, 내리지 못했다(《정신분석해체》 170-195). 그리고 프로이트의 정신분석학을 그대로 따르는 라캉의 정신분석학 역시 헤겔의 변증법을 따르기 때문에 마찬가지다.[25] 후기의 레비스트로스는 이러한 폐쇄 속의 제자리 맴돌기를 '원판놀이roulette'에 비유했다.

헤겔의 변증법은 폐쇄의 공전空轉에서 정신Gesit은 돌아온다고 주장

---

25 라캉은 자신의 담론이 해체되지 않기 위해 철저하게 철학에 의존했으나, 바로 이런 이유로 서구 철학사를 자신의 손금 보듯 꿰뚫고 있는 데리다에 의해 턱없이 쉽게 해체된다. 데리다에 의해 해체 당하자, 라캉은 자신이 제일 중요하다고 생각해서 프랑스어 판 《에크리》에 실었던 제 1장 〈포의 '도둑 맞은 편지'〉를 더 많은 독자에게 다가갈 수 있는 영문판에서는 삭제했다. 이 뿐만이 아니다. 라캉은 '조이스의 《피네건즈 경야》는 무의식의 언어이기 때문에 정신분석학자들은 다 읽어 보아야 한다'고 했지만, 조이스는 무의식 vs 의식이라는 이원구조도 믿지 않았고, 무의식은 언어로 표현할 수 없다고 했으며, 정신분석학 자체에 대해 매우 부정적인 입장을 취했다는 사실도 다 놓쳤다. 이유는 아주 간단하다. 영어를 모국어로 하는 영문학 전공자들도 읽기 어려운 《피네건즈 경야》를 라캉은 읽지 않았기 때문이다. 라캉은 예일대학에서 강의 할 때, 영어가 안 되어 프랑스어로 강의했다. 이런 라캉이 자신도 읽지 못하는 《피네건즈 경야》를 '모든 정신분석자들은 반드시 읽어보아야 한다'고 했다. 이는 라캉이 포스트구조주의자 중에 '지적 사기'를 가장 많이 친 사람이라는 사실을 알면 그리 놀라운 일은 아니다.
라캉은 '프로이트를 그대로 따르는 것이 자신의 직분'이라고 선언했던 철저한 전통주의자였다. 패기있는 후배 시인은 선배 시인의 영향을 받을까봐 늘 불안해하는 것이 보편적이다. 블룸H. Bloom은 이를 '영향의 불안Anxiety of Influence'이라 이름했다. 그러나 프로이트가 정신분석학에 대해 품었던 회의조차도 라캉에게는 없었다. 정신분석학은 모든 서구 전통 담론이 그러하듯, 헤겔의 변증법에 의존했기 때문에 데리다에 의해 해체된다(《정신분석해체》 109-322).

하지만, 돌아오는 것revenant은 폐쇄 속에서 죽은 유령revenant이다.[26] 헤겔의 변증법을 통해 돌아온다고 주장한 정신spirit은 유령spirit임을 데리다는 논리적으로 증명한 결과를 언어유희로 다시 강화했다. 데리다는 이 유령을 불청객, 환영, 허수아비, 우상, 심연 혹은 허구라고 표현하기도 했다(《그림》 32/26, 37/31). 이 유령은 서구전통 철학에서 이원구조를 강화한 헤겔 변증법의 정반합의 3박자의 리듬을 따라 무한대로 생산되었다. 그 결과 절대정신, 기원, 종말은 오로지 유령효과로 드러날 뿐이다. 이것이 초월이라고 주장하는 서구 전통 인문학 담론의 이름은 (유사 혹은 가짜) 초월론, 그리고 이의 일반적 별칭은 유령론이다.

데리다는 《글라》에서는 헤겔의 정신철학이, 《그림엽서》에서는 프로이트와 라캉의 정신분석학이, 《정신에 관하여》에서는 하이데거의 존재론이, 《그림 속 진리》에서는 헤겔, 하이데거, 그리고 칸트의 미학이, 《마르크스의 유령들》에서는 마르크스의 유물론이 모두 유령론임을 길게 논했다(《유령 읽기》, 80-89, 《데리다와 문학》 159-160, 175). 아래는 이원구조를 강화한 변증법이 생산하는 유령에 대한 데리다의 묘사다.

죽음을 정신으로 바꾸는 연금술[반어법]의 무대 위에서 모든 유령들은 날개를 퍼득거리며 날고 있다. [서구] 철학이 만들어내는 연금술로 태어난 유령 중 가장

26 데리다의 언어유희는 그의 치밀한 독법('방사선 검사')을 거친 후에 나온 결론을 한 번 더 강화하기 위한 것임을 이 해설서 '주'에서 여러 번 언급되었다. 위에서 보듯 되돌아오는 것revenant=유령revenant이며, 서구 전통 철학이 말하는 정신spirit=유령spirit임이라는 사실을 자신의 긴 논증으로 밝히는 동시에 언어유희로 이 사실을 다시 강화했다. 이렇듯 글자 자체가 논리적 결과까지도 함축하고 있으니, 글자는 가장 귀중한 것임을 데리다는 말없이 말하고 있는 것이다. 이토록 데리다가 글자를 중히 여기는 것은 유대 전통의 영향임을 필자는 피력한 적이 있다(《데리다와 문학》 130-142).

끈질기게 우리를 따라다니고 있는 유령은 물론 자연철학과 정신철학을 이어주는 통로[반어법]를 만든 헤겔이고, 이 통로 위에서 발효하면서 나오는 숭고한 정신이라 이름 지어진 유독가스는 위로 떠오르고, 와해되는 시체 위로 또다시 떠오르면서, 변증법에 의한 지양 안에서 이 자체를 내면화, 내재화한다. (《정신분석해체》 201-202)

루소의 목적은 순수한 자연과 언어의 기원으로 되돌아가는 것이다. 그러나 이러한 강박은 루소의 것만이 아니다. 이원구조에 터한 서구 전통 담론 모두가 기원, 순수한 말(씀), 현상학적 목소리, 순수 정신 등으로 되돌아간다고 주장하는 수많은 유령론의 강박관념이다. 프로이트의 정신분석학은 무의식으로, 후설의 현상학은 현상학적 목소리(이념)로, 하이데거의 존재론은 존재로, 헤겔의 정신철학은 절대정신으로, 루소의 담론은 순수 자연과 언어기원으로 되돌아가는 것이 목적이다. 그래서 유령론의 또 다른 이름은 '목적론'인 동시에 '귀향설'이다. 동시에 '종말론'이자 '기원론'이며 '고고학'이다. 왜냐하면 서구 전통 철학(신학)은 종말이 오면 기원으로 되돌아간다고 전제하기 때문이다. 이렇듯 다양한 이름을 지닌 유령론을 데리다는 '가장 일반적인 경제성의 담론'이라 했다. '가장 일반적'이라는 말은 가장 흔하다는 뜻이고, '경제성'은 죽음, 혹은 폭력이라는 뜻이다(이 책 107).

서구 전통 철학만이 되돌아가는 주제를 고수한 것이 아니다. 17-18세기 고전주의 프랑스 소설 역시 되돌아가는 것이 주제였다. 되돌아가기 위해서 문학도 헤겔의 변증법을 차용했다. 이분법의 구조주의 역시 신학을 위한 것(이 책 51, 1부 6. 〈이원구조는 신학이다〉)이고, 이것이 극도로 강화된 시학이 파운드가 주장한 '소용돌이주의'임을 우리는 앞에서 상론했다(이 책 41-43). 되돌아간다는 주제는 서구 전통 철학은 물론 문학, 미학, 정신 분석학, 언어학, 인류학뿐만 아니라,

정치, 교육 그리고 법까지 지배했다.

이원구조에 터한 서구 전통 담론들, 즉 '기원으로 되돌아가는 것'이 목적인 모든 유령론은 폐쇄된 이원구조 안에서 자체적 자동성을 지닌 채 돌고 돈다. 데리다는 이것을 '서구 사유의 축제'(헤겔의 말에 대한 반어법)라 했다. 그러나 이 축제는 기원, 순수 정신, 순수 목소리, 이념 등 그 어떤 곳(것)에도 이르지 못하는, 자체적으로 돌아가는 폐쇄의 원 안에서 부정pas·not의 발걸음pas이라고 데리다는 지적한다. 프랑스어 pas는 '발걸음'과 '아니다not'이 두 가지 뜻이 있다. 이미 여러 번 언급되었지만, 데리다의 언어유희는 '방사선 검사'에 비유되는 그의 논의 끝에 나온 결과를 언어유희로 다시 강화한다. 데리다는 서구 전통 인문학 혹은 '유령론은 폐쇄된 고리인 원圓 안에서 작동되는 코믹 효과에 불과하다'(《그림》 40/34)고도 했다. 이원구조를 강화한 헤겔의 변증법을 서구 전통 담론들이 따른 결과, 여러 가지 별호를 지닌 유령론들은 무한 산출된다. 그래서 데리다는 헤겔의 변증법을 가장 막강한 '무적無敵의 개념기계'라 했다. 이러한 '개념기계'를 따르는 유령론은 가장 흔하기 때문에 가장 막강하다. 그러나 '막강하다'라는 데리다 표현에 포함된 페이소스와 아이러니를 놓치면 안 된다. 마르크스 역시 변증법을 '유령생산자'라 했다(《데리다와 문학》 142). 이 말은 이원구조에 터한 모든 서구 전통 담론이 유령론이라는 뜻이다. 이렇게 해서 모든 서구 전통 담론은 마치 자력이 자장된 유도선에 이끌리듯, 혹은 화석학적 은유의 실에 의해 인도되듯(《여백들》 148/124, 151/127) 이원구조 안으로 흡수되었고, 이원구조로부터 벗어나려고 했던 사람들조차 모두 이원구조를 강화한 변증법에 빨려 들어갔다. 이 결과 '실에 구슬이 꿰이듯' 변증법을 따르는 담론들, 즉 유령론은 연속되었다(《데리다와 문학》 146-147).

루소의 담론이 보여주는 폐쇄의 이원구조 안에서의 맴돌기를 서구 철학은 '논리적 원cercle·circle' 혹은 '인식론적 원'으로 규정하는 동시에 데리다는 '형이상학을 파괴하는 원'(《글쓰기와 차이》 412/280), '사악한 원', '바로 인종중심주의와 유럽중심주의, 서구의 환상, 미망, 그리고 환각이 돌아가는 이상한 체계'이자 '함정'(위의 책 316/221, 400/280)이며, '이 순환성이 서구 전통 담론의 명제이자 전제lemma'(《그림》 21/17)로 규정하며 이를 해체했다. 이 폐쇄의 원은 돌고 돌면서 무한대로 팽창하지만, 폐쇄 속에서의 맴돌기이기 때문에, 폐쇄 안에서 순수한 선험적 기원은 즉각 박탈된다. 대신 유령(환)을 무한대로 생성시킨다. 이 유령이 서구가 상용하는 의미의 기원이고, 서구 로고스의 기원이자, 서구 역사의 기원이며, 이 세상(서구)의 기원이고, 서구가 말하는 목적Telos의 기원이다. 이는 서구의 형이상학 혹은 초월론이 주장하는 선험적 순수 기원이 아니다. 폐쇄의 이원구조 안에서 돌고 돌면서 폐쇄 속에서 무한대로 팽창하는 유령(환)을 만드는 '서클'의 구조적 기술을 이상적 계보학이라고 서구 전통 인문학은 거짓 주장을 한 것이다.

❁ 상호교차대구법

우리는 변증법이 말하는 정과 반은 사실은 동일하다는 이유를 끊임없이 반복, 설명했다. 루소의 담론이 보여주는 폐쇄의 이원구조 안에서의 맴돌기를 통해 정과 반이 동일해지는 현상은 이원구조에 터한 서구 인문학 담론이 드러내는 공통적 현상이다. 이렇듯 정과 반, 기원과 종말이 동일하다는 것을 눈으로 볼 수 있도록 한 데리다의 해체적 글쓰기가 상호교차대구법chiasmus이다(《입문》 251, 257, 《데리다와 문학》 125-138). 《글라》는 데리다의 다양한 해체적 글쓰기 기법의 하나인 상호교차대구법과 기존 전통 담론에 수없이 '구멍'을 내는 '스폰지 글쓰기'(해체적 글쓰기의 특징 중 하나)로 완성되었다. 《글라》는 평상적인 의미의 '책'이나 저서가 아니라, 예술 작품이다. 데리다는 매쪽을 세로로 둘로 갈라, 왼쪽에는 서구의 대철학자 헤겔(정), 그리고 헤겔을 따랐던 수없이 많은 서구인문학자들의 말을 인용했고, 오른쪽에는 헤겔을 공식적으로 반대 했던 수많은 사람들, 그리고 이들의 대표 주자이자 탕아였던 아방가르드 작가 주네(반)의 말을 대폭 인용했다. 그러나 이렇게 서로 반대되는 진영에 속한다고 간주되었던 사람들의 입장과 가치관이 결국은 동일해지는 과정을 눈으로 볼 수 있도록 했기 때문에 단순한 책이 아니라 예술작품이다(《데리다와 문학》 111-198).

❁ 도역논법—허위논법

루소의 담론에서 보듯, 처음에는 서로 반대된다고 규정했던 것이 서로 동일해지는 것은 '언어도단flagrant·scandalous'(415/294)의 모순이다. 데리다 해체는 이런 모순 때문에 루소 담론이 스스로 자동해체되는 과정을 꼼꼼히 드러냈다. 이분법이 루소의 전 담론을 지배(400/283, 416/295, 422/310) 했기 때문이다. 루소 역시 2,500년간의 서구중심주의의 우월주의와 결착(400/283)된 이원구조로부터 벗어날 수 없었고, 장구한 세월 동안 '백과사전적 보호를 받은'(31/18) 음성중심주의에 의해 강박 당했다(20/9). 루소 담론은 이원구조에 터한 모든 서구 전통 인문학 담론이 그렇듯이, 궁극적으로 서구 신학(신화)으로 결정된 것이었다(126-127/85).

철학(신학)이 기원을 설명할 수 없을 때 철학은 신화를 차용한다. 따라서 서구의 신학, 철학, 그리고 전통 인문학 담론은 추정이나 가정을 근거로, 이미 정한 명제를 증명하는 도역논법倒逆論法hysteron proteron 혹은 허위논법이다(《글라》 227a/202a). 이 허위논법의 결과는 이원구조의 폐쇄 속의 제자리 맴돌기로 귀착된다. 그리고 허위의 기원으로 되돌아가는 것을 기원으로 착각하거나 주장하는 것, 즉 시작이 끝이 되고 끝이 시작이 되는 것, 이것은 신학적 도역논법(313/219)이다. 이는 가정, 허구 혹은 신화를 기정사실화하면서 사실, 합리 그리고 논리의 순서를 뒤바꾸는 최악의 논리다. 루소의 담론을 위시해, 이원구조를 강화한 변증법에 터한 서구 전통 인문학 담론 모두가 이런 도역에 터해 있다. 그러나 서구는 이러한 사실을 덮어두자고 공모하고 결탁했다(《그림》 32/27). 다음과 같이 말하면서.

우리는 잃어버리는 것과 동등한 것을 얻는다. [잃으면서 얻는] 이것은 이미 우리가 가지고 있는 것[순수]을 보전하는데 보태지는 힘이 된다. (《사회 계약설》 1권) (417/295)

이 도역논법 혹은 허위논법으로 루소 자신이 재앙과 타락으로 간주한 법이 마침내 '하늘의 목소리'와 동일해진다. 이것은 절대 모순이다. 왜? 반복하지만, 둘 다 폐쇄된 이원구조라는 허구 안에 있기 때문이다. 마찬가지로 루소의 자연론, 언어론, 정치경제론, 사회론, 교육론은 경험적 현상을 다루었고, 헤겔은 절대정신의 이상주의를 다루었다. 이원론자들은 이 둘이 절대적으로 다르다고 주장했지만, 헤겔이 말하는 절대정신의 이상주의와 루소의 경험주의는 사실 동일하다. 왜냐하면 이 둘 다 폐쇄된 허구의 이원구조 체계 안에서 만들어진 것이기 때문이다(이 책 55-62 ☸ 〈내부=외부〉). 그러므로 헤겔의 정正(초월적 세계)과 루소의 반反(경험적 세계)은 교환될 수 있다. 이렇듯 서구 전통 담론, 철학, 문학, 미학, 경제 그리고 정치에 관한 담론들은 하나같이 짝 개념이라는 지엽적 한계, 즉 이원구조의 폐쇄 안에 똑같이 갇혀 있다(73/50). 이를 비판하지만, 데리다는 동시에 이것이 필요 불가결한 궁여지책이었음도 지적했다. 다시 데리다의 이중적 입장과 이중적 관점이다.

> 로고스, 현존, 현상학적 목소리 등은 절대 파괴될 수 없는 것으로 전제했지만, 필요에 부응해, [이원구조의 폐쇄] 체계 안에 그 자리를 잡아야만 했고, 이 절대를 포함시키는 체계 안에서 파괴될 수 없는 것이 되었다. 이것이 형이상학 혹은 존재신학의 로고스의 운명이었다. (데리다의 밑줄. 136/89)

이원구조는 신학과 이의 음성중심주의를 보호하기 위한 것이었다. 그러나 무한, 초월, 현전, 이념, 순수, 기원, 순수한 말(씀)은 사실은 글자의 문법에 의해 만들어진 글자소리gramophone임이 밝혀졌다. 이로써 서구철학이 추구한 무한, 초월, 현전 혹은 신의 말씀은 문자로 인해 죽었지만, 서구 철학(신학)은 이분법으로 이 말(씀)을 시체(죽음과 폭력의 흔적)로 간직하고 보유했다. 이 사실을 데리다는 결코 부정적으로만 간주하지 않는다. 왜냐하면 이원구조의 폐쇄 속에서 간직되어온 시체(서구철학 및 인문학 담론)는 우리로 하여금 무엇이 죽었는가를 환기시켜 주었고, 깨닫게 했고, 이 사실은 즉시 우리로 하여금 이원구조에 갇히지 않는, 폐쇄 너머로의 사유(초과)를 추동했기 때문이다(이 책 77). 죽은 시체마저 없었더라면, 이것들이 죽었다는 인식조차 불가능했을 것이고, 이러한 시체(죽음) 너머의 사유를 추구하는 일 역시 발생하지 않았을 것이기 때문이다. 다시 데리다의 이중적 입장이다.

❁ 주전자 논리

형이상학적 혹은 신학적 전제에 터한 루소의 담론은 도역에 터해 있기 때문에 주전자 논리argument de chaduron·kettle logic(375/265, 《정신분석해체》 367 주 36)다. 주전자 논리란 여러 논제가 개별적으로는 다 맞는 것 같지만, 서로 합치면 앞뒤가 맞지 않는 무논리(모순)를 뜻한다. 즉 목소리는 순수하며, 문자는 목소리의 타락이라는 루소의 이 두 전제를 각각 따로 떼어놓으면, 정말 맞는 것 같기도 하다. 어린 아기가 말부터 먼저하고 글자는 그 아기가 한참 후 학교에 들어가서 쓰는 것을 보면, 말이 먼저이고 순수한 것이고 문자는 기껏해야 말을 모방하는 부속품 같기도 하다. 그러나 이러한 전제에 기반한 루소의 담론을 총체적으로 보면, 우리가 위에서 본 바대로, 두 논제는 극심하게 상충되어 자체적으로 둘로 갈라지면서 무너진다. 즉 자동해체된다. 둘로 갈라진 루소의 담론은 봉합될 수 없다. 당위(선언, 형이상학적 전제) vs 실제(관찰에 준한 기술과 사실)라는 이분법이 성립되지 않기 때문이다. 서구 전통 인문학의 대체계인 이원구조를 루소 역시 강박적으로 고수했지만, 성립되지 않았기 때문에, 루소는 초조했고, 성급했고, 절망했고, 때로는 공포를 느꼈으나, 이원구조를 끝까지 완강하게 고수했다. 안셀무스Anselmus는 '알기 위해 믿는다'고 했고, 성 아우구스티누스Aurelius Augustinus는 '믿지 않으면 알지 못한다'고 했으나, 루소는 너무 믿었기 때문에, 알았지만 알지 못했고, 보았지만 보지 못했다.

3. 숨

순수한 숨pneuma은 불변의 원상태의 삶이라는 신학적 전제가 루소의 담론을 지배했다. 스토아학파가 무한성을 주장하기 위해 숨을 이용했다(108/73). 숨은 그래서 정신학 혹은 영물학靈物學pneumatologie의 기초가 되었다. 숨은 라틴어로 spiritus이며, 이는 숨이자 동시에 정신Spirit을 뜻한다. 이 정신을 서구는 로고스로 '결정'했다(이 책 23 주 1). 그래서 로고스란 말은 정신이자 숨에서 나온 말이다. 이 로고스(정신, 숨)는 다시 신성神性, 천사, 인간, 이렇게 셋으로 나뉜다. 서구는 이 숨을 현재가 영원히 지속시키는 방식으로 간주했지만, 사실 이 방식은 그 어떤 방식으로도 표현되지 않을 뿐만 아니라, 흔적조차 없는 것이라고 믿었다. 그러므로 이 로고스, 정신 혹은 숨은 말도 필요 없는 것으로 간주했다. 동시에 이것이 바로 신 그 자체라는 꿈(환상)을 꾸었다. 이 순수한 숨은 물론 인간의 숨이 아니다. 이 순수한 숨을 서구는 초인간성이라 결정했고, 이의 원칙과 목적은 신학의 것이다. 이것이 루소가 반복한 존재-신학적onto-theological 모델이다(353/249).

서구의 존재 신학은 자연의 목소리와 신의 말씀은 말이 필요 없기 때문에 입도 목소리도 필요 없다(364/257)고 전제했다. 이 결과 신을 찬양하는 노래는 가사가 없었다. 이런 이유로 중세 교회 음악 늠Neume은 숨이 다할 때까지 소리만을 지속시키는 가사 없는 노래anti-phon였다. 그 어떤 언어도 신을 기쁘게 할 수 없기 때문에 가사가 없는 노래여야 한다(353/247)고 믿었기 때문이다. 그러나 숨인 정신은 분화되어 글(로고스)로 쓰일 때 질식된다(《글쓰기와 차이》 19/9). 마찬가지 이유로 '하늘의 목소리'는 말이 삭제된 폐쇄의 문법 체계 안에서는 설 자리가 없다(401/283). 이 사실을 루소도 알았다. 그러나 루소는 끝까지 섭리주의의 신학을 고수(422/298-299)한 결과, 이것이 루소 담론 깊숙이 자리 잡고 있었고(364/257), 루소 담론을 점령했다. 그러나 이러한 숨을 전제한 신학은 신화이기 때문에 차연이 무한대로 발생한 역사적·현실적 상황을 결코 설명하지 못한다(364/257-258). 이것이 확연하게 밝혀지고 설명되는 데는 무려 2,500년이 걸렸다.

4. 침묵 속에서 손가락 돌리기

프레레와 비즈네르Blaze de Bisinere를 위시한 많은 서구 철학자들은 글자는 신이 손가락으로 쓴 것이라 했다(110-111/75-76). 루소 역시 신이 침묵 속에서 지구의 축을 손가락 끝으로 돌렸다고 전제했다(361/255).

데리다는 묻는다: 루소가 추정한 대로 신이 말없이 침묵 속에서 손가락을 돌렸는가? 아니면 루소가 자신의 담론을 폐쇄의 이원구조 안의 수사(정과 반, 기원과 종말)를 말없이 돌렸는가? 신이 손가락으로 말없이 살짝 건드렸기 때문에, 기원 자체와는 너무나 이질적이며 철저하게 외재적인 대체, 가상, 차연을 무한 창출시켰는가? 아니면 인간들이 자신들의 화급한 현실적 필요와 외적 자연 환경에서 살아남기 위해 차연을 무한대로 창출, 산출했는가?

서구 철학자들이 주장한 대로, 신이 손가락으로 지구의 축을 돌렸기 때문에 문자가 무한대로 창출되었다면, 문자는 서구 전통 신학이 상정한 신과는 관계없다고 데리다는 지적한다. 이유는 두 가지다. 차연은 초월자인 신 혹은 초월 자체와는 관계없는 현실적·경제적·정치적 외재성 그 자체이기 때문이다. 또 다른 이유는 루소는 신은 인간에게 자비롭고 이롭다고 했는데, 그렇다면 자비로운 신이 서구철학자들과 인문학자들이 그토록 오랫동안 재앙으로 간주한 문자를 인간에게 선물하지 않았을 것이기 때문이다. 그래서 데리다는 '신이 한 일은 아닌 것 같다'고 한다. 그러나 데리다는 다시 말한다. '아마도 신이 한 일인 것 같다'(데리다의 밑줄. 363/257)고. 왜냐하면 문자 혹은 차연은 무한대로 팽창하면서, 그 어떤 저항에도 굴하지 않는, 가장 막강해서, 그래서 신처럼 영생하는 문자를 신은 《성경》에 따르면 자신이 사랑하는 인간에게 주었을 것이기 때문이다. 서구 철학자들은 신은 가장 막강한 존재로 영원하다고 믿어 의심치 않았고, 신에 종속되지 않는 인간이 없다고 주장했는데, 문자와 글자에 종속되지 않는 인간도 없기에, 문자와 글자 역시 신처럼 막강하고 영생하기 때문이다. 그러니 신은 문자에 비하면 턱없이 제약되는 음성언어—음성에만 의지하면 장구한 역사 및 축적되는 지식과 정보의 기록 자체가 불가능해지기 때문에 인간됨의 모든 것은 사라진다—가 아니라, 막강한 문자를 만들어 이것을 자신이 사랑하는 인간에게 선물한 것임이 틀림없다는 것이다. 이러한 데리다의 설명은 '태초에 말씀이 있었다'에 대한 이중 패러디다. 이렇게 데리다 해체는 신의 역사役事로 인간의 역사歷史가 만들어진다고 주장한 2,500년의 서구 전통 철학(신학) 및 인문학, 그리고 이를 집대성하고 강화한 헤겔의 변증법에 따른 사관史觀 및 신관神觀과 격돌한다.

5. 글자의 전회, 수사 돌리기, 속임수

루소는 신이 손가락으로 몰래 지구의 축을 돌렸기 때문에 문자, 사회가 구성되었다고 믿었다. 이러한 루소의 믿음은 《고백론》과 《언어 기원론》을 강박했다고 데리다는 평가했다. 그러나 위에서 데리다가 지적한 대로, 신이 아니라 루소가 폐쇄의 이원구조 안에서 만들어진 글자, 은유, 수사trope(정과 반)를 몰래 돌렸다tour·turn. 데리다는 프랑스어 돌리다tour의 또 다른 의미는 속임수임을 상기시킨다. 루소가 수사를 몰래 돌린 것은 속임수란 뜻이다.

헤겔의 변증법은 동일한 정과 반을 서로 반대된다고 주장하고, 그래서 반을 무한대로 잘라내면 절대 진리, 절대정신으로 갈 수 있다고 주장했다. 그런데 절대 진리, 절대정신으로 가는 방식이 헤겔의 주요 저서, 서구 철학을 집대성하고 서구 철학을 대표하는 《백과사전》의 원명 《엔치클로페디Encyclopaedia》의 뜻이 페달 돌리기cycle of pedal, 혹은 놀이(유희)이듯, 폐쇄된 이원구조 안에서 돌아가는 페달 돌리기에 불과하기 때문에, 변증법을 통해 절대 정신이나 순수한 말을 되찾을 수 있다고 주장하는 것은 속임수(309/261)라고 데리다는 일갈했다. 그런데 사전을 찾아보면, 3단 논법의 변증법의 또 다른 뜻은 속임수다. 변증법이 속임수[27]임을 이원구조에 터한 신학에 강박된 서구철학 전공자가 아닌, 상식[28]에 준해 살아가는 일반인들은 이미 인지하고 있었다는 것인가?

---

27 폐쇄의 이원구조 안에서 수사 돌리기tour가 속임수tour라고 데리다가 주장하는 것 역시 앞에서 반복 지적한대로, 데리다의 철자변치 혹은 언어유희는 데리다 자신의 길고 꼼꼼한 논증('방사선 검사')을 거친 후의 결과를 다시 강화하는 것임을 필자는 이 해설서 '주'에서 꾸준히 지적했다: 이 책 24 주 2(이하 '이 책' 생략), 43 주 5, 145(본문), 168 주 33, 176 주 37.

28 필자는 데리다 해체는 비상식을 해체하고 상식을 복원한다는 사실 역시 이 해설서 '주'에서 지속적으로 지적했다: 59 주 7, 60 주 8과 9, 66 주 11과 12, 67 주 13과 14, 75 주 15, 100 주 22, 164 주 29, 165 주 30, 174 주 36, 184 주 40.

❁ 나쁜 꿈

명민했던 루소는 자신이 이원구조에 속은 것을 알았고, 이에 터한 그의 철학적 사고를 '나쁜 꿈'이었다고 고백했다. 그 두꺼운 《그라마톨로지》의 가장 중요한 마지막 말, 즉 커튼 라인curtain line을 데리다는 루소의 아래 말로 대체한다.

철학은 우리로 하여금 나쁜 꿈을 꾸게 했다. 독자들은 나를 몽상가라고 말할 것이다. 그렇다. 그러나 본인은 다른 철학자들이 하지 못했던 것을 하고자 한다. 내 삶이 나쁜 꿈이었음을 말함으로써, 꿈에서 깨어 있는 독자가 있다면, 혹시 내 꿈에서 유용한 것을 찾도록 본인의 글을 남겨놓을 것이다. (445/316)

가장 깨어 있었던 독자 데리다는 루소가 꾼 '나쁜 꿈'으로 야기된 루소 담론의 모순과 이의 결과로 야기된 자동해체를 철저하게 드러냄으로써, 이 '나쁜 꿈'을 자신의 '해체적 전회'를 견인할 수 있는 또 하나의 강력한 발판으로 사용했다.

보론—《그라마톨로지》에 대한 한국 학자들의 오독들

최근 필자는 우연히 한국 서구인문학계에서 오랫동안 지속되어 온 데리다 해체에 관한 각가지 오독의 진원지가 한국 서구인문학계 중심에 있는 한 학자의 논문(이하 〈논문〉)임을 알게 되었다. 위 한국 학자는 자신의 논문 서두에서 다음과 같이 말했다: '해체론은 1960년대에는 문자학의 형태를, 1990년대 이후에는 유령학의 형태를 띠는데, 문자학과 유령학은 모두 현상학이 변형되는 마지막 지점들을 표시한다' (〈논문〉 275). '문자학의 형태를 띤다' 혹은 '변형되는'이라는 말은 상당히 애매한 표현이다. 그러나 그의 논문 전체를 읽어보면, 데리다 해체가 1960년대에는 문자학(그라마톨로지)이었다가, 1990년대 이후에는 유사 초월론, 그리고 마지막에는 유령학으로 귀착되었다는 뜻이다.

데리다 해체는 위 한국 학자가 주장하듯, 문자학에서 유사초월론으로, 그리고 다시 유령론으로 수시로 변하는 칠면조나 칠변화七變花 lantana가 아니다. 데리다 해체는 처음부터 끝까지 이원구조 해체다. 이런 이유로 데리다는 자신의 모든 저서들은 서로 긴밀한 연속성을 지니고 있음을 강조했고(《유령 읽기》 208, 〈MS〉 230), H. 밀러 역시 데리다를 읽으면 읽을수록 데리다 초기 저서와 후기 저서 사이에서 강력하고도 긴밀한 연속성을 발견한다고 했다. 필자의 데리다 읽기 또한 이러하다.

1. 데리다 해체는 그라마톨로지(문자학)가 아니라, 그라마톨로지(문자학)를 해체한다

우리는 앞에서 데리다가 해체하는 대상과 맺는 관계는 철저하게 그리고 항상 이중적임을 반복 설명하면서, 데리다 해체와 그라마톨-로지와의 관계 역시 이중적이며, 그라마톨-로지 역시 이원구조에 터한 -로지-logy이기 때문에 데리다가 이를 해체했다는 사실을 설명했다. 그러므로 '초기의 데리다 해체는 문자학의 형태를 띤다'는 위 학자의 주장에 대한 필자의 반론은 이 책 1부 4. 〈데리다 해체와 그라마톨-로지와의 이중 관계〉(47-48)로 대신한다. 위 한국 학자는 '초기의 데리다 해체가 문자학의 형태를 띤다'는 자신의 주장을 뒷받침할 수 있는 단 하나의 근거도, 단 하나의 설명도, 그리고 데리다로부터의 단 하나의 인용도 제시하지 않았다.

2. '폐쇄'는 한국 학자들이 번역하듯 '울타리'나 '경계'가 아니라, 2,500년간 서구 전통 철학의 죽음의 원인이 된 이원구조의 '폐쇄'다

데리다 해체에 대한 한국 학자들의 많은 오독들의 근본 원인의 하나는 데리다가 사용하는 '폐쇄clôture'에 대한 이해가 매우 불투명한 데서 기인한다. 위 한국 학자의 오독의 원인도 마찬가지다. 위 한국 학자는 프랑스어 la clôture를 '울타리'로 인식하고 번역했다. 프랑스어 'clôture'는 울타리, 경계, 그리고 폐쇄, 세 가지 뜻이 있다. 그러나 데리다가 《그라마톨로지》에서 뿐만 아니라, 다른 저서들에서 수없이 말한 'la clôture metaphysique', 'la clôture historique', 'la clôture de cette époque', 'la clôture de concept', 'la clôture de gramme', 'la clôture de humanisme'(《여백들》 63-67, 127, 148-153)에서의 'la clôture·closure'는 '울타리' 혹은 '경계'가 아니라, 우리가 앞에서 상론한대로 '폐쇄'다(이 책 55-62, 141-146).

폐쇄와 울타리는 전적으로 다르다. 가축들은 울타리에 갇혀 있지만, 울타리 안에서 하늘도 보고, 울타리 밖 대지의 공기로 숨 쉬며, 가끔씩 방면되어 야생동물보다 더 건강하게 그리고 더 안전하게 산다. 울타리와 경계는 결코 죽음이나 질식의 원인도 아니고, 잔인하지도 않다. 그러나 이원구조의 폐쇄는 서구인문학을 죽음으로 유도한 제 1 원인이기 때문에, 이것을 데리다는 '죽음', '잔혹성', '질식' 등으로 자신의 전全 저서에 걸쳐 끊임없이 상이하게 반복했다.

데리다가 말하는 폐쇄는 서구 전통 철학의 근간인 이원구조의 '자기원인'으로 인한 폐쇄다. 이 폐쇄를 데리다는 '환상을 만드는 통사의 자폐증autism of syntax'의 원인이며, 플라톤주의, 유대교, 기독교 신학, 모두가 동일한 폐쇄 안에 있다(401/283, 409/289)고 했다. 데리다는 이원구조의 이 폐쇄를 2,500년간 서구인문학의 '고전적 암초', '푸른 녹청', '인식론적 장애', '함정', '늪' 등으로 규정했고, 이것이 서구철학의 죽음의 원인이었으나, 이 죽음조차도 모르게 했던 요인임을 그의 전 저서에 걸쳐 증거했다. 그러나 폐쇄는 폐쇄인 동시에 자체적 모순으로 열려 있음도 우리는 확인했다(이 책 128). 다시 이중적이다.

한국 서구인문학계에 중심에 있는 위 학자는 데리다 해체를 〈철학(사)의 안과 바깥—울타리 그리기로서의 해체론〉(〈논문〉 251)으로 규정 한다: '형이상학 울타리는 철학적 체계의 안과 밖, 그리고 양쪽의 관계를 표시하는 어떤 것이며, 해체론은 그런 울타리 그리는 작업으로서 정의될 수 있다.' 그리고 '해체론이 마지막에 가서 구하는 것은 구조가 아니라, 울타리'(〈논문〉 257)라고 위 학자는 말한다. 그러나 '철학(사)의 바깥'은 우리가 모르며, 이원구조의 폐쇄 안은 무한 확장되지만, 폐쇄 밖은 '지적할 수 없는 곳le lieu insituable·unlocatable site'(《글쓰기와 차이》 230/155)이다. 그래서 '텍스트 밖에는 아무것도 없다'(데리다의 밑줄. 227/158). 데리다는 폐쇄 밖으로 나가려 하다가는 오히려 틀의 먹이가 된다(38/29)고 경고했다. 그러므로 데리다는 텍스트, 체계, 전통, 혹은 역사 밖으로 나가려는 것이야말로 '최악의 폭력'(몽매주의)을 초래한다는 사실을 레비나스의 '얼굴의 형이상학'을 해체하면서 매우 구체적으로 증명했다(《글쓰기와 차이》 4장). 그러므로 위 한국 학자가 말한 '철학(사)의 안과 바깥—울타리 그리기로써의 해체론'는 전적으로 불가능하다.

그러나 동시에 위 한국 학자는 소제목 〈구조에서 울타리로〉(〈논문〉 255)에서 '형이상학적 울타리 안에 사로잡혀 있으며'(〈논문〉 256), '울타리는 … 언어로서는 스스로 이해하거나 사유할 수 없는 것'이며, 또한 '울타리는 철학이 이 이름 밑에서 표상할 수 있는 것이 아'니며, '어떠한 유비성도 공유하지 않는다'(〈논문〉 259)고 했다. 이러하다면, 위 한국 학자 자신이 말한 '철학(사)의 안과 바깥—울타리 그리기'가 어떻게 가능한가? '울타리 그리기'는 울타리 안과 밖을 분명하게 알아야만 그릴 수 있는 것 아닌가? 위 한국 학자는 데리다 해체는 '울타리 그리기'라 주장했으나, 동시에 '울타리는 이해, 사유할 수 없는 것'이라고 함으로써, 자신의 논지가 상충되는 사실조차 간과했다.

곧이어 위 한국 학자는 데리다 해체를 '흔적을 뒤쫓는 작업'으로 규정한다. 위 한국 학자가 말하는 흔적은 울타리의 흔적인지, 무엇의 흔적인지, 그리고 이 흔적(이 책 97)을 뒤쫓는 구체적인 방법에 대한 설명도, 데리다로부터 단 한 줄의 인용도 없다. 취미 삼아 전원의 어느 아름다운 울타리를 그리던 데리다가 운동 삼아 예쁜 다람쥐의 흔적이라도 쫓는다는 것인가? 증거 제시도 구체적인 설명도 일절 없으니, 필자의 상상력은 더없이 자유분방해질 수밖에 없지 않은가?

3. 데리다 해체는 유사 초월론이 아니라, 유사 초월론을 해체한다

한국 서구인문학계 중심에 있는 위 한국 학자는 데리다의 '해체론은 유사 초월론'(〈논문〉 260)으로 규정했다. 그러나 이러한 자신의 주장을 뒷받침하기 위해 한 쪽 이상의 데리다 말을 …로 다 생략하고, 아래 단 세 문장만을 인용했다. 그러나 이 세 문장조차도 데리다가 유사 초월론을 주장하는 말이 아니라, 유사 초월론을 해체하는 말이다.

① 보편적이고 유일한 해체론은 없다Il n'y a pas La ou une seule Déconstruction. … ② 해체론은 그것이 스스로 참여하는 갈등적이고 차별성을 띤 문맥 바깥의 어느 다른 곳에 순수하고 본래적이고 자가 동일적인 방식으로 존재하지 않는다. 그것은 오로지 그것이 행하는 것, 그것으로부터 행해지는 것일 뿐이고, 그것이 (사건으로서) 일어나는 곳에 있다. (〈논문〉 272-273)

①에서 위 학자가 번역한 '해체론'은 위 학자가 지어낸 말이다. 해체론

을 서양어로 쓰면 반드시 대문자의 Deconstructionology가 될 것이다. 데리다는 이런 단어를 사용한 적이 단 한번도 없다. 무엇을 근거로 한국 학자들은 '해체론'이란 말을 그렇게 편하게 사용하는지 모를 일이다. 위 원문은 데리다 자신의 해체는 대문자의, 혹은 유일무이한 하나의 해체가 아니라, 소문자의 '해체들'임을 강조한 말이다. 아무 근거 제시 없이 위 한국학자 자신이 지어낸 '해체론'이란 말을 논문 처음부터 마지막까지 끊임없이 사용했다. 데리다는 위의 인용을 보면 대문자의 유일한 해체가 아니라, '소문자의 해체들'임을 언명하고 있다. 대문자의 해체론이 되면 다시 전체주의가 되기 때문이라 했다(《타자》 273-274).

소문자의 해체들은 대문자로 시작하는 서구 전통담론인 -주의, -학, -론, -로지를 해체한다. 차연=해체는 소문자일 뿐만 아니라, 복수이며, 끊임없이 상이하게 반복되는 것임을 우리는 ■로 표해 설명했다. 끊임없이 상이하게 반복되는 데리다의 소문자의 해체(차연)를 해체론이라고 고정시킬 수 있는가? 바로 이런 이유로 데리다는 자신의 해체를 '해체론'이라고 부르는 사람들을 두고 '그들은 아직 나를 읽지 않았다'고 했다.

②는 데리다가 유사 초월론을 주장한다는 위 학자의 주장이 틀렸음을 증거하는 말이다. 데리다 자신의 해체(들)는 다양한 차이로 인해 벌어지는 갈등에 준거하지, 순수하고 본래적인 방식으로 존재하지 않는다고 했다. 우리가 이 해설서의 본문에서 강조했듯이 ②는 데리다 해체는 전체주의에 근거한, 그래서 대문자로 표기하는 서구 전통 담론들을 '지금' 그리고 '여기'의 수행적 차원의 법과 규칙, 그리고 발생하는 사건의 규범을 개별적으로 열개裂開하면서, 아직 도래

하지 않은 미래를 유도한다는 사실을 언명한 것이다. 이 말은 데리다 자신의 해체는 유사 초월론을 해체한다는 말이다.

위 인용에서 …로 한국 학자가 한쪽가량을 생략한 데리다의 말 일부를 복원한다. 위 학자가 생략한 바로 이곳에서 데리다는 자신의 해체는 이원구조에 터한 유사 초월론의 해체임을 자세히 설명하기 때문이다.

> 대문자 관사 La나 Une의 해체는 없다La ou Une Déconstruction. 그 많은 해체들 중, 그중 하나의 해체가 진정 해체라면, 이 해체는 철저하게 이원구조가 말하는 보수적 vs 혁명적, 그 어느 쪽에도 속하지 않으며, 이에 따라 결정되지 않는다. 모든 사람들을 약화시키는 것이 바로 그것[이원구조]이다. 본인은 해체 전략으로 보관과 관리의 중요성을 강조하고, 이를 실천, 옹호한다. … 수많은 전통들, 예를 들면, 대학, 과학, 철학, 문학 이론의 전통까지, 이것들을 지키기 위해 본인은 싸운다. (데리다의 밑줄. 《합자회사》 260-261)

실제 사건이 발생하는 바로 그곳의 '수행적 차원의 법과 규칙'에 집중하고 이것들을 변화시켜, 미래로 나아가기 위해 '보관과 관리', 그리고 '실천과 전통'의 중요성을 강조하고, 이를 위해 싸우는 것이 유사 초월론인가? 또한 데리다는 강조의 밑줄까지 치며 '모든 사람들을 약화시키는 것이 이원구조'라 했다. 유사 초월론 역시 서구 전통 담론인 -론이나 -주의처럼 대문자로 시작하며 이원구조에 터해 있다.

왜 '이원구조가 모든 사람들을 약화'시키는가? 정과 반에서 반을 제거해야 한다고 주장하는 변증법은 상이한 반복을 가능케 하는 중요한 자원이 되는 비결정적 에너지와 우연을 제거하기 때문이다(31/18. 이 책 59 주 7). 데리다 자신의 해체는 대립항인 이원구조에 따른 것이 아님(《합자회사》 260-261)을 데리다는 거의 한 쪽에 걸쳐 반복 강조했지만, 위 한국 학자는 자신의 인용에서 이것을 …로 다 생략했다.

위 학자가 …로 생략한 위의 말에서 데리다는 자신의 해체는 서구 전통 담론의 재전유가 아니라 탈전유임을 강조했다: '만약 해체들을 무엇의 전유로 간주하면, 이는 선험적 잘못이다'(《합자회사》 261). 여기서 '선험적'이라는 데리다의 표현은 이미 앞에서도 지적했지만, 선험적 vs 후험적이라는 이분법에서 만들어진 선험적이 아니라, 처음부터 끝까지 전적으로 그리고 철저하게라는 뜻이다. 따라서 데리다 해체를 여전히 이원구조에 터한 전통 담론을 재전유한 '해체론', '유사 초월론' 혹은 '유령론'—이 셋은 이원구조에 터해 있기 때문에 동일하다—으로 규정하는 위 한국 학자의 주장은 처음부터 끝까지, 전적으로 그리고 철저하게 틀린, 데리다의 표현을 빌리면 '선험적' 오류다.

데리다 해체가 유사 초월론이 아니라, 철저하게 현실의 정치, 종교, 교육, 그리고 전통과의 밀접한 관계를 탐사한다는 사실은 위 인용에서 뿐만 아니라, 다른 곳에서도 수도 없이 상이하게 반복 강조되었다. 말로만이 아니라, 데리다가 펼친, 여기서 다 나열할 수 없는 구체적인 활동을 통해서다.[29] 한 가지만 예로 든다면, 데리다가 창립한 철학 강의 연구회Greph(Avant-projet 1974)는 철학이 정치, 경제, 교육, 종교의 힘의 관계로부터 분리될 수 없다는 사실을 강조, 증거하기 위한 것이었다. 또한 서구 전통 철학이 지향한 이성과 정의, 그리고 이 둘의 의미 역시 매우 다양하며, 이성주의는 심연, 즉 형식 없는 '구멍'(차연의 또 하나의 상이한 반복. 이 책 94)을 무한 유희를 위해 열어두는 대

29 이 역시 상식이다. 우리 문화 역시 일상을 살아가는 평범한 사람들에게도 '언행일치'의 중요성을 당부했고, 특히 이를 어기는 지식인의 학문을 '구이지학口耳之學', 즉 '실천 없는 학문'이자 아무짝에도 쓸모없는 '완공頑空', 즉 철저하게 공소한 공에 비유했다. 그러나 우리 역사는 실사구시의 학문을 주창했던 정약용을 오랫동안 귀양 보냈던 사실을 기록하고 있다. 그리고 증거자료가 전혀 없는 논문들이 오랫동안 대량 유통되는 것은 무엇을 뜻하는가에 대해 후학들은 곰곰이 생각해보기 바란다.

신 닫아버린 결과, 비합리주의, 허무주의, 약탈주의 그리고 몽매주의가 되었다고 데리다는 일갈했다(《눈》 125, 135, 137). 데리다는 칸트의 이성이 결코 순수한 것이 아니라, 철저하게 정치 및 종교, 그리고 대학 사회의 검열과 불가분의 관계에 있으며, 국가의 이념을 고수하기 위한 것[30]임을 지적했다.

데리다는 추상의 구름 위에 머물며 오연한 자아 속에서 관념론들—유사 초월론, 유령론, 신의 침묵을 앞세우는 신학—을 설파한 지식인이 결코 아니었다. 이러한 관념론(주의)들을 해체하기 위해, 데리다는 마치 바람과 땅의 아들인양 세계 방방곡곡을 돌아다녔다. 데리다의 부인 마르귀에리트Marguerite의 말이다: '그는 지나칠 정도로 대지적인extra-terrestrial 남자였다.' 유사 초월론에 안주하기에는 데리다는 거친 대지와 변화무쌍한 삶 자체에 열정적으로 매료되었던 사람이었다.

우리는 이 해설서 1부 〈6. 이원구조는 신학이다〉와 〈7. 이원구조의 폐쇄 궤도를 초과하는 방식〉에서 데리다 해체가 이원구조에 빠지지 않으면서, 이원구조에 터한 모든 종류의, 대문자로 시작하는 -론, -학 그리고 -주의를 해체하는 데 주력했음을 살펴보았다. 데리다는 자신의 해체적 글쓰기가 '이원구조의 폐쇄를 여는 열쇠'(《입장들》 95/70)라 했다. 바로 이 '열쇠'로 데리다는 이원구조에 터한 유사 초월론을 해체했다. '강력하고 동시에 섬세한 복도들[해체적 글쓰기]은 … 잘못 취급되지 않고서는 요약될 수 없다'(《글쓰기와 차이》 374/254))고 했다. 요약될 수 없는 다양한 해체적 글쓰기—이를 기술하기 위한 많은

30 역사적으로 그리고 지금도 정치, 경제 그리고 종교가 강고하게 밀착되어 있음은 상식이지만, 이를 부인하는 사람들의 수는 관념주의가 팽배한 한국에서는 대단히 많다. 데리다 해체는 이미 우리가 다 알고 있는 상식에 속한다는 사실을 필자는 이 해설서의 '주'를 통해 꾸준히 지적했다. 이 책 154 주 28 참고.

형용이 30가지 이상 나왔지만, 그 어떤 것도 데리다 해체적 글쓰기의 총체적 특성을 기술하지 못한다—와 이중 전략으로 데리다는 2,500년 동안 서구 전통 인문학 담론의 유일 구조인 이원구조에 터한 유사 초월론을 해체한 것이다.

데리다는 칸트의 순수 실천(수행) 이념이란 유사 초월론의 꽃이지만, 죽은 꽃, 즉 전체주의가 만든 추상 그 자체이기 때문에 각 개인에게 반환되는 것이 없다고 비판했다: '이러한 순간은 항상 발생하지만, 결코 현존에서 발생하지 않는다'(데리다의 밑줄. 《법》 89). 그런데 한국 서구 인문학계 중심에 있는 위 학자는 데리다의 이 말을 또 반대로 전했다: '이 순간은 현전 속에 언제나 일어났고, 동시에 결코 일어나지 않았다'(〈논문〉 299). '현존 속에서 언제나 일어났'다면, 인류는 늘 에덴동산에서 살아왔을 것이다. '현존' 자체가 아니라, 죽은 유령이 이원구조의 허구 안(무대 장면)에서 나타났다. 그래서 데리다는 이원구조를 고수한 칸트의 순수 실천(수행) 이념의 권리 근원은 무와 심연 속에서 정지된 추상 그 자체로 허구에서 발생한 유령이기 때문에, 개인에게 반환되거나 되돌려질 수 없는 권리(《법》 89)라고 비판했다.

데리다는 자신의 해체는 이전의 서구 전통 철학을 수정, 모조, 유사하게 하거나 더 깊게 파고드는 것이 아니라고 했다. 사르트르의 실존주의와 무신론, 하이데거의 존재론(《데리다와 문학》 77-95), 후설의 현상학이 전통을 수정하여 새로운 것 같지만(《글쓰기와 차이》 5장, 《목소리와 현상학》), 서구 인문학의 근본 구조인 이원구조를 그대로 고수한 결과, 존재 신학의 또 다른 이름에 불과하기(《여백들》 136-138/115-116) 때문에 데리다는 이 모두를 해체했다.

질문은 이것이다. 이원구조에 터한 유사(모조) 초월론은 2,500년 동안 지속되었다. 한국 서구인문학계 중심에 있는 위 한국 학자가 주장하듯 데리다 해체가 유사 초월론이라면, '해체적 전회'는 대체 누구에 의해 무엇으로 유도되었는가?

4. 데리다 해체는 신학적 초월자의 침묵이 아니라, 차연(해체적 글쓰기, 세상의 유희)을 숭상한다

위 한국 학자는 자신의 논문 시작부터 끝까지 데리다 해체에 반反하는 주장만 한다:

데리다는 칸트와 레비나스를 이어 다시 한 번 종교를 윤리적으로 환원, 추상화하고 있는 셈이다. 그러나 그때 윤리는 종교처럼 비밀스러워지고 성스러워지며 두터운 침묵의 무게를 거느리게 된다는 사실이다. (〈논문〉 308)

여전히 이러한 자신의 주장을 뒷받침하기 위한 데리다로부터의 단 한마디의 인용도, 자신의 설명도 일절 없다. 이 역시 위 한국 학자 자신이 지어낸 말이다. 차연의 또 하나의 상이한 반복인 침묵은 침묵이 아님을 이미 우리는 설명했다(이 책 95-96). 그리고 데리다는 무한의 침묵 속에 있다고 신학이 전제한 침묵의 신을 계몽하기 위해 해체적 글쓰기를 한다고 선언했다(《할례》 264). 한국 서구인문학계 중심에 있는 위 한국학자는 데리다가 자신의 저서 《그림 속 진리》에서 칸트를, 그리고 레비나스를 《글쓰기와 차이》 전체 분량의 4분지 1에 해당하는 4장—4는 변증법의 수 3을 초과하는 데리다 해체의 수—에서 철저하게 해체했다는 사실조차 전혀 읽지 않았다.

위 한국 학자가 말한 '신의 침묵'은 후설의 현상학에서 그 정점을 찍었다. 후설은 현상학적 목소리Voix는 순수 그 자체로 '침묵을 지키고 보존하는garde 목소리'(《현상학》 6장)로 간주했다. 데리다 해체는 현상학이 추구한 침묵, 즉 대문자의 현상학적 목소리는 문자 체계와 문법을 통과한 문자소리gramophone임을 드러내어, 현상학을 《목소리와 현상학》 그리고 《글쓰기와 차이》 5장에서 해체했다. 데리다는 '중요한 모든 것은 침묵으로 돌리지 않아야 하며, 반드시 글쓰기로 드러내야 한다'(《엽서》 209/194, 이 책 95-96)고 했다.[31]

데리다가 신학적·종교적·추상적·초월적 침묵을 거부한다는 사실은 《그라마톨로지》 〈서문〉에서도 강조되었다. 그러나 위 한국 학자는 〈서문〉조차 읽지 않았다. 신의 침묵을 데리다가 거부하는 이유는 침묵은 신의 것으로 침묵으로 영원히 존재하는 것이 아니라, 인간이 만드는 형식과 언어를 통해 끊임없이 드러나는 것이기 때문이다. 차연(해체)의 또 하나의 상이한 반복인 이 침묵(이 책 95)은 '서구 전통 인문학사에서 구체적인 장소를 차지하지 못하고, 사회에서 구조화되지 않고, 명명할 수 없는 코라—차연의 또 하나의 상이한 반복—인 서자庶子[32] 그리고 잡종적인 것으로 치부했던 것들'(데리다의 밑줄. 〈코라〉 113, 95, 111)을 통해, 이원구조의 한계와 이에 터한 신인동형동종설神人同形同種說 anthropomorphism[33]에 저항하면서, 이원구조에 터한 신학(신화)이 설정

---

31 글자와 글쓰기에 대한 흔들리지 않는 데리다의 믿음은 유대 전통에서 기인한다고 필자는 설명한 적이 있다(《데리다와 문학》 130-142). 그런데 글자(공부)에 대한 존중은 한국인의 보편적 상식이다.

32 데리다가 말하는 서자bastard는 셰익스피어의 《존 왕의 삶과 죽음》(1595?)에 등장하는 존 왕의 서자 필립 폴콘브리지Philip Faulconbridge와 유사하다. 그는 세상을 있는 그대로 보고, 노회하기 그지없는 교황의 계략과 프랑스와의 왕권 다툼 때문에 전쟁이 발발하자, 적자들인 귀족들이 영국을 배신하고 프랑스를 돕는 동안, 서자인 그는 영국을 위해 끝까지 항전하고 마침내 전쟁을 중단시키는 데 중추적 역할을 한다.

33 데리다의 반격은 여기서 그치지 않는다. 신인동형동종설anthropomorphism을 이와 철자가 거의 같은 식인주의anthropophagy와 연관시켜, 빵을 예수의 몸으로, 포도주를 예

한 부채와 선물의 관계, 그리고 초월적 침묵을 해체한다.

그러므로 '무한 속에서 침묵하는 신을 계몽하기 위해', '철학자는 악마의 누더기를 걸치고 녹슨 단어를 반짝반짝 빛이 날 때까지 갈고닦아, 이를 재사용해야 해야 한다'는 데리다의 이 말은 '신학적 침묵'이 아니라, '해체적 글쓰기'에의 천착과 이를 현실과 잇는 윤리가 철학자의 본업임을 일깨우는 단호한 말이다. 그래서 '해체(차연)는 정의다.'

5. 조이스도 데리다처럼 신학과 이원구조를 '이중 시학'으로 해체한다

위 한국 학자는 자신의 논문 끝에서 데리다의 종교성은 '유사 선험적 초월'에 해당한다고 주장한다. 이는 데리다 해체가 해체론이자 유사 초월론이며, 신학적 침묵을 숭상한다는 위 학자 자신의 주장들과 연장선상에 있다. 또다시 한국 서구인문학계 중심에 있는 위 한국학자는 자신의 이러한 주장을 뒷받침할 수 있는, 데리다로부터 단 하나의 인용도, 자신의 설명도 일절 없이 다음과 같이 단정한다.

> 긍정은 타인의 긍정에 대한 긍정이자, 반복 가능성에 의해 구조화된 (재)긍정이다. 이러한 반복 가능성이 미래에 대한 약속과 신념을 불러들인다. 조이스의 《율리시즈》 끝에 나오는 "예Yes"는 바로 이것을 뜻한다. (〈논문〉 296)

수의 피로 간주하고 마시는 기독교 성찬 의식은 식인주의와 크게 다르지 않다고 했다. 또한 인간의 감정이나 열정으로 발생한 주물주의呪物主義anthropopathy와도 공통되는 철자가 매우 많다는 사실을 조명해, 신인동형동종설, 식인주의, 그리고 주물주의가 크게 다르지 않다고 직격탄을 날렸다(《글라》 132a/115a). 이러한 데리다의 언어유희는 데리다 자신의 길고 긴 논리적 논증('방사선 검사')을 통해 증명된 사실을 한번 더 강화하기 위한 것임을 필자는 꾸준히 지적했다. 이 책 154 주 27 참고.

한국 서구인문학계 중심에 있는 위 한국 학자는 논문 처음부터 끝까지 아무런 증거 제시나 자신의 설명 없이 데리다 해체와 조이스까지 모두 거꾸로 전하고 있다. 조이스가 《율리시즈》에서 무려 222번 반복한 대문자 '예Yes'가 이처럼 간단하게 정리될 수 있다면, 그 《율리시즈》는 조이스가 아니라, 단연코 다른 사람이 쓴 《율리시즈》다.

조이스는 《율리시즈》를 모던 시학詩作에 준해 섰지만, 모던 시학을 데리다보다 한발 앞서 해체했다. 즉 조이스 역시 '이중 시학'으로 《율리시즈》를 썼다는 뜻이다. 이 말은 조이스가 《율리시즈》에서 222번이나 적어 넣은 '예Yes'를 조이스 자신이 해체했다는 말이다. 신학과 이원구조에 대한 조이스의 풍자는 데리다의 것보다 훨씬 더 섬세하고, 훨씬 더 빠르고, 훨씬 더 통렬하다(《데리다와 문학》 321-356). 데리다는 조이스의 《율리시즈》에서 나오는 대문자 '예Yes'를 문자 체계로 결정되고 만들어진, 그래서 마치 축음기 소리처럼 기계적으로 자동 반복된 소리gramophone라 했다. 그래서 《율리시즈》에 관한 데리다의 글 제목이 〈조이스의 율리시즈 그라마폰: 소문으로 듣고 예(스)라고 말하기〉(《데리다와 문학》 285-298)다. 데리다는 조이스가 《율리시즈》에서 222번 적어 넣은 '예Yes'를 유사 선험적 대체, 혹은 '무덤 속 그라마폰'으로 간주했다(《문학행위》 291, 304). '예'는 이미 신학과 헤겔 변증법을 따른 자동화된 '예', 폭력과 죽음에 동의하는 '예', 그래서 축음기에서 무한 반복되는 소리와 같은 '예'의 반복으로 규정했다. 그러므로 이런 '예'가 미래에 대한 약속이며 신념이라는 한국 서구인문학계 중심에 있는 위 학자의 주장은 또다시 조이스와 데리다를 거꾸로 읽고 있는 것이다. 축음기에서 들려오는 것과 같은 '예'에 동의, 반복, 복종하는 것을 가르치는 신학을 조이스는 데리다보다 한발 앞서 해체 했다. 조이스 역시 신학의 대문자 예Yes가 구조화된 자동 반복

응답에 불과하다는 것을 알았기 때문에 이를 패러디하고 해체했다는 말이다. 'Yes'가 문자 체계가 만든 반복의 소리gramophone임을 암시하듯 《율리시즈》에는 지나치다 할 만큼, 그리고 기이할 정도로 빈번하게 전화, 전보, 전신, 축음기, 그리고 신문 인쇄 기계 소리가 들린다. 무엇보다도 《율리시즈》의 주인공 블룸Bloom의 직장이 신문(문자)을 매일 거의 무제한 '복사'하는 신문사이기 때문이다. 그래서 데리다는 대문자의 'Yes'가 구조화된 자동반복임을 '조이스가 모르지 않을 수 없었다'고 했다: '여보세요. 여기는 킨치. 에덴도시로 연결해주시오Hello Kinch here. Put me on the Edenville(《데리다와 문학》 295). 조이스의 이 말은 신학의 핵을 섬광처럼 빠르게 그리고 통렬하게 찌르고 해체해 버린다. 조이스는 신학이 전제한 낙원—서구 전통 철학 용어로는 순수한 현상학적 말, 이데아, 초월적 기의—을 수도 없이 동일하게 반복되는 문자소리로, 그것도 한낱 전화로 연결될 수 있는, 수없이 복사된 듯한 모습을 지닌 도시로 환원시킨 것이다. 이보다 더 파격적이고 더 통렬하고 그리고 번개처럼 빠른 신학 해체를 필자는 아직까지 읽은 적이 없다. 이런 이유로 데리다는 조이스의 《율리시즈》는 미래 흔적을 가상적으로 포함하고 있으며, '서구 전통 로고스를 집대성한 《율리시즈》 안에서 이[로고스중심주의]와는 다른 음악이 들리며, 이것을 들었다'(《문학행위》 281-294)고 했다.

신학에 가한 조이스의 풍자는 영문학도들 사이에서는 상식이다. 위 한국학자는 이 사실조차 전혀 모르고 있는 것이다. 조이스는 아버지(남자 하나님)에서 아들(남자 예수)로 이어지는 신학의 부계에는 여자인 딸은 없다는 사실을 언급하면서, '여성이 신성한 가계에 소속되기 위해서는 처녀성을 유지하며 아들을 낳아야 한다'고 패러디하는가 하면, 신학의 '부계성은 허구의 법일지도 모르며'(《문학행위》

304), '신이 인간을 창조했는지, 인간이 신을 창조했는지 모른다'고도 했다. 또한 데리다는 '신이라는 글자가 책 안에 쓰였을 때 비로서 신은 태어났다'고 했다(《글쓰기와 차이》 3장). 이뿐만이 아니다. 조이스의 말 'Jewgreek is Greekjew. Extremes meet'(《율리시즈》 15. 2097)를 데리다는 자신의 저서 《글쓰기와 차이》에서 가장 길고 가장 중요한 4장(4는 데리다 해체의 수)의 가장 중요한 말, 즉 커튼 라인curtain line으로 사용했다. 조이스의 위 문장을 중간 'is'에서 접으면, 두 단어 'Jewgreek'와 'Greekjew'가 겹쳐 동일해지듯(언어유희), 서구 인문학사에서 서로 대조된다고 간주되어온 헤브라이즘과 헬레니즘, 즉 이원구조의 정과 반은 동일한 것임을 뜻하기 때문이다.[34] 이원구조 해체는 곧 바로 신학 해체다(이 책 1부 6. 〈이원구조는 신학이다〉 51-54). 또한 조이스는 《율리시즈》에서 이원구조의 기수인 데카르트를 괴물로 등장시켰으며, 천주교 신자였던 조이스 자신의 어머니가 꿈에 나타난 어머니 사후의 모습은 한없이 아름다운 말을 하는 입에서는 재가 쏟아져 나오는, 구원받지 못한 인물로 묘사했으며, 종교 제식 및 삼위일체를 희화화했다(《데리다와 문학》 325-326). 조이스는 천주교 신자가 되어 달라는 어머니의 임종 시의 유언조차 거부했다. 《젊은 예술가의 초상》(1914)의 마지막 말, 그래서 제일 중요한 말, 그리고 필자를 포함, 영문학도들이 감동받고 애정했던 말은 신학을 거부하고 있다: '오, 삶이여 오라! 그대를 환영하노라! 경험의 현실을 내 영혼의 대장간에서 수만 번 제련하면서, 아직 창조되지 않은 인류의 의식을 창조하고 맞대면하기 위해 나는 떠날 것이다. 오, 아버지, 장

---

34 그러나 또 한편으로는 이분법이란 실체로 혹은 실지로 존재하는 것이 아니기 때문에 만난다고도 할 수 있는 것도 아니다. 즉 허구에서는 만난다고 우리는 상상하지만, 실지로는 만날 수 있는 것이 아니라는 뜻이다.

구한 세월 동안 고안자, 발명가, 장인匠人이시여, 부디 나를 강건하게 지켜주시기를!'[35] 여기서 조이스는 삶을 환영한다고 했다. 신이 아니다. 신에로의 종속을 선언하며 침묵 속에서 마치 축음기에서 들려오는 것과 같은 '예'만을 반복하며 사는 것이 아니다. 조이스가 믿는 아버지는 현실의 경험을 아직 창조되지 않은 인류의 의식을 통해 제련하기 위해, '침묵 속에서 하늘에 계신 아버지'가 아니라, 인류의 의식을 기술, 예술, 허구art로 창조하면서 장구한 세월 동안 존재했던 고안자, 발명가, 기술자, 장인匠人artificer이다. 이를 데리다의 용어로 상이하게 반복하면 차연의 또 하나의 상이한 반복인 '코라'(이 책 95)다.

조이스는 이렇듯 서구 전통 형이상학과 종교의 모든 틀과 구조를 사용했지만, 동시에 해체했다. 그러므로 데리다는 조이스가 《율리시즈》에서 견지한 '이중 시학', 즉 틀(이원구조) 안에서 틀을 부수는 조이스의 해체적 반복은 데리다 자신의 해체적 반복처럼 미래로 향할 수 있다고 평가했다. 데리다는 이런 '이중 전략'이 없는 대문자 예Yes 혹은 심지어 아니오No까지 이원구조의 변증법으로 항상 돌아오며(《문학행위》 308), 예와 아니오, 둘 다 이원구조의 형이상학으로부터 분리될 수 없기 때문에(《할례》 228), 대문자 예Yes 역시 헤겔의 지양止揚Aufhebung—데리다의 반어법. 지양이 안 된다는 뜻—의 되풀이라고 지적했다(위의 책 77). 따라서 데리다는 신학이 주장하는 타자의 요구에 비몽사몽 속에서, 혹은 몽유병—데리다는 구조주의를 몽유병에 비유했다—환자처럼 구조화된 자동 반복 응답인 '예'를 그대로 따라하다가는 죽음이나 큰 사고를 당하기 때문에, '예'를 단순하게 반복하지

35 'Welcome, O Life! I go to encounter for the millionth time the reality of experience and forge in the smithy of my soul the uncreated of my race. Old father, old artificer, stand me now and ever in good stead.' 《초상》 252-253.

않아야 한다(《데리다와 문학》 289-296)고 했다. 조이스는 〈주기도문〉의 리듬과 단어들을 엇비슷하게 살리는 동시에 비틀면서 〈주기도문〉을 희화화해 신학을 해체했다(위의 책 358). 이는 구조 안에서 구조를 해체하는 데리다의 전략과 동일하다. 조이스와 데리다, 이 두 사람은 '이중 시학'으로 신학을 해체했을 뿐만 아니라, 자서전, 철학, 그리고 문학의 경계까지 해체했다.[36]

---

36 그래서 데리다 해체를 일부 한국학자들이 '데리다의 해체 철학'으로 통칭하는 것 역시 부정확하다. 또한 데리다 해체를 '해체론', '해체주의'라는 명칭은 미국 철학자들 로티R. Rorty, 피시S. Fish, 가쉐R. Gaché, 그리고 일부 미국 예일 학파 문학 비평가들, 하트만G. Hartman, 드 만P. de Man, 블룸H. Bloom 등이 데리다 해체를 윤색해서 만든 말이다. 당연하지만, 각 나라의 지식인들은 그 나라의 이데올로기, 종교, 그리고 건국이념을 말로 방어하는 사람들이다. 실용주의, 공리주의, 경험주의, 통화발화이론Speech Act Theory, 그리고 기독교를 근간으로 하는 영국 및 미국의 학자들은 데리다 해체를 그대로 다 수용하지 않는다. 이것이 이들이 끊임없이 데리다 해체를 '해체론', '해체주의', '유사 초월론' 등으로 환원시키는 이유다. 그런데 질문은 이것이다. 월급과 연구실은 한국으로부터 제공받는 한국학자들이 서구의 이데올로기와 이념을 보호하려는 일부 서구 학자들의 주장을 그대로 따르고 후학들에게 전파한다면, 이런 한국 교수들은 어느 나라 소속 교수들인가? 이런 질문을 하는 요즈음 필자는 우리나라의 하늘나라 대학 교수들의 36%가 친일파 후손이라는 악몽을 가끔씩 꾼다.
한국 신문사나 출판사도 데리다 해체를 데리다의 해체 사상思想이라고 한다. 이미 앞에서 말한 대로 데리다 해체는 사상思想은 이미 사상捨象·死傷되었음을 밝혔다. 아마도 한국인들은 -주의, -론, -사상이라는 말 자체가 권위와 어떤 힘을 지닌다고 생각하는 것 같다. 이 역시 관념주의가 낳은 허위의식이다. 데리다는 '해체는 아직 시작조차 되지 않았다'고 했고 비트겐슈타인은 '철학은 철학을 어떻게 시작하는가에 관한 것이다'라고 했지만, 현실적 문제가 터질 때마다, 이른바 나라를 책임진다는 지식층 인사들은 '철학이 없어서'라고 하는데, 우리나라에는 철학(관념주의)은 너무 많고, 문제 해결을 위한 구체적이고 실질적인 방식과 전략이 축적된 역사가 일천한 것은 아닌지? 영어권 사람들이 '그는 계획실현에 도구적instrumental이었다'고 하면, 계획 실현에 절대적으로 필요했던 인물이라는 최고의 찬사인 데 반해, 우리나라 지도층이나 지식인들이 '도구적'이라 할 때는, 이는 가치 없는, 그래서 배제되어야할 것이라는 완곡한 언중유골이다.
구체적인 근거 제시가 전혀 없는 논문이 아무런 반론 없이 평화롭게 오랫동안 대량 유통되는 것 역시 우리가 여전히 관념주의, 그리고 이것의 변형인 권위주의와 학벌주의의 지배를 철저하게 받고 있기 때문은 아닌지? 필자는 오래전에 우리나라를 약화시키는 제1의 원인을 여러 가지 다른 차원에서의 낭비임을 지적한 바 있다(《입문》 34-36). 그런데 그 때는 전혀 근거 없는 오독들이 30년 이상 대량 유통되는 낭비가 발생할 것이라고는 차마 상상조차 하지 못했다.
그러나 이분법의 관념주의의 유혹은 막강하다. 구체적인 방법과 증거 제시, 그리고 물질 축적과 전략 없이도, 문제 해결이 된다는 환幻을 선물하기 때문이다. 이 결과 관념주의는 조이스와 데리다, 이 두 사람은 기성 종교를 철저하게 거부했고, 두 사람 모두 자의 반 타의 반, 세계를 떠돌아다녔다. 자유로운 영혼의 소유자인 이 두 사람은 기성 종교에로의 종속을 가장 염오했다. 데리다의 유언에 따라 그의 장례식에는 그 어떤 종교 절차도 일체 없었다. 앞에서 언급했지만, 조이스는 그의 어머니가 임종 시, 천주교 신자가 되어달라는 어머니의 유언마저 거절했다. 따라서 한국 서구인문학계 중심에 있는 위 한국학자가 단 한 줄의 증거 제시나 설명 없이, 전통 신학이 강조하는 미래의 신념과 약속 차원에서 반복되고 구조회된 예Yes를 데리다와 조이스가 옹호했다고 주장하는 것은 위 한국 학자 자신의 지극히 사밀私密한 기도祈禱·企圖에 불과하다.

6. 데리다 해체는 유령론이 아니라, 유령론을 해체한다

데리다 해체가 유령론이라고 주장한 위 한국 학자는 '데리다는 자신에 부응하는 새로운 논리를 고안하도록 호소한다'고 했다. 또다시 어디에서 데리다가 이런 말을 했는지, 그리고 그 '새로운 논리'가 무엇인지 설명도 근거 제시도 일체 없다. 이는 또 위 학자가 지어낸 말이다. 유령론(학)이 터한 이원구조는 '새로운 논리'가 아니라, 2,500년

반드시 그리고 늘 좌초하지만, 좌초할 때 발생하는 환(멸)의 크기에 정비례해 환(희)은 강고하게 살아나 번성한다. 이 때 부터 관념주의가 선물한 환(희)과 이의 결과물인 환(멸), 이 둘의 무서운 환(상)의 널뛰기가 시작된다. 이런 상태에서 자신들이 딛고 서 있는 땅이 서서히 무너지고 있다는 사실이 구체적으로 보일 리 만무하다. 땅(물질)을 빼앗기면 하늘(정신)도 빼앗긴다. 더 이상 땅을 빼앗기는 역사를 쓰지 않기 위해서는, 바로 이것이 우리가 데리다를 읽으면서 단단히 기억해야 하는 상식이다. 이에 따른 구체적인 방법과 전략을 각자 찾아내, 장기간 혹은 평생 실천해야 한다. '그렇다면 필자는 무엇을 평생 실천하고 있는가'라고 독자는 묻는가? 정말로 알고 싶다면, 필자에게 연락하기 바란다.

동안 서구 전통 인문학 담론의 대체계로, 데리다가 말한 대로, '태곳적인 것 중에서도 태곳적인 논리'다. 데리다가 유령론을 해체하는 이유는 폐쇄된 이원구조 안에서 생성된 유령, 환幻을 서구 전통 철학은 순수한 목소리, 현존, 초월, 혹은 정신이라고 착각하고 주장했기 때문이다(《글쓰기와 차이》 230/155, 《유령읽기》 70, 115-121).

데리다는 이미 초기 저서 《글쓰기와 차이》 1장에서 구조주의(이원구조)는 재앙이며 데카당적이며 위협인 동시에 위험(13-14/5-6)이며, 사람이 살지 않는 유령의 건축물이며, 구조주의가 점령하고 있는 모든 분야는 몽유병자들이 거주하는 거대한 영토—2,500년 동안 이원구조에 터한 서구인문학사—이기 때문에, 여기에는 진정한 의미에서 깨어있는 것이라곤 아무것도 없으며, 이 결과 질문이 없는, 산성화 된 불모의 조용한 지역(11/4)이자, '사막'이며, '있는 것 같으면서도 없는 것, 이러한 유령 효과보다 더 이상하고 더 걱정스러운 것은 없다'(《그림》 257/223)고 했다.

이뿐만이 아니다. 위 한국학자는 데리다가 항상 논리적 근거에 더해, 서구 존재론Ontologie이 유령론Hantologie임을 '방사선 검사' 후에 언어유희로 재강화한 사실조차 다 놓쳤다.[37] 아래는 데리다가 '유령학'을 주장했다는 근거로 위 한국 학자가 제시한 것인데, 한 쪽 정도의 데리다 말에서 단 세 문장만을 인용한 것이다. 그런데 바로 이 세 문장조차 데리다가 유령학을 옹호한 것이 아니라, 유령학을 해체하는 말이다.

---

37 프랑스어의 'h'는 묵음되기 때문에, 존재론Ontologie과 유령론Hantologie은 동일하게 발음된다. 데리다의 언어유희는 단순히 순간적 재치가 아니라, '방사선 검사'에 비유되는 자신의 치밀하고 꼼꼼한 읽기와 논증의 결과를 다시 강화하기 위한 것임을 필자는 이 해설서에서 자주 환기시켰다. 이 책 154 주 27 참고.

그것을 유령학이라 부르자. … 이 유령의 출몰의 논리는 단지 존재론이나 존재 사유보다 훨씬 더 폭넓고 위력적인 것만이 아니다. … 유령학은 종말론과 목적론마저 자기 범위 안에 포용하되 그것들을 어떤 국지화와 장소들로서 또는 어떤 특수한 효과들로서 포용한다. (〈논문〉 272-273)

아래에서 필자는 위 한국 학자가 위 인용에서 두 개의 …로 한 쪽 가량을 생략한 데리다 말의 일부를 복원한다. 위 학자가 생략한 데리다의 말은 데리다가 유령론을 주장하는 말이 아니라 유령론을 설명하고 해체하는 말이기 때문이다.

① 반복과 첫 번째, 그러나 이것은 동시에 반복과 마지막 번째. 매번, 이것은 동일한 사건이며, 사실상 매번 첫 번째는 매번 마지막 번째다. 매번 동일한 사건, 매번 처음이 마지막이 된다. 전적으로 다른 것. 역사의 종말을 위해 무대 위에 설치된 것. 이것을 유령론이라 부르자. ② 강박관념으로 옥죄인 이 논리는 단지 존재론만을 포괄하는 것이 아니라 훨씬 더 막강하다. … 유령론은 종말론과 목적론을 특정 효과의 구역 안에 보호하고 있다. ④ 그러나 이것은 종말론과 목적론을 품지만, 품지 못한다. … ⑤ 살 것인가[정正], 죽을 것인가[반反]의 사이에서, 즉 극[정正]과 극[반反] 사이에서 햄릿은 극 시작부터 고뇌한다. 《햄릿》은 이미 죽어 되돌아오는 왕을 기다리는 것으로 시작된다. … 유령은 되돌아오지만, 동시에 죽은 모습이다. ⑥ 그러나 되돌아오는 죽은 유령 기다리기는 끊임없이 반복된다. (데리다의 밑줄. 《마르크스의 유령들》 10/31)

① 유령론은 매번 처음과 끝이 동일해지는 담론이다. 이유는 폐쇄의 이원구조 안에서 제자리 맴돌기만을 되풀이하기 때문이다. 이를 우리는 루소의 담론을 통해 구체적으로 보았다(이 책 137-145).

② '강박관념'은 기원으로 되돌아간다는 목적에 대한 강박이다. 우리는 이것을 루소의 담론에서뿐만 아니라, 소쉬르와 초기의 레비스트로스의 담론에서도 확인했다(이 책 85-86, 102-103). 유령론이

막강한('위력적') 이유는 이원구조에 터한 서구 전통 담론들의 수가 절대적으로 많기 때문이다.

그래서 데리다는 유령론을 '가장 일반적인 경제성의 담론'이라 했다. '가장 일반적'이란 가장 흔하다는 뜻이고, '경제성'은 죽음을 뜻한다(이 책 107). 유령론은 가장 흔한 담론이어서 가장 막강하지만, 죽은 유령을 생산하기 때문에 가장 약하기도 하다. 한국 서구인 문학계 중심에 있는 위 학자는 '위력적'이라는 데리다의 표현에 들어 있는 아이러니와 페이소스를 다 놓쳤다.

③ 유령론이 존재론이나 목적론을 특별 보호하고 있는 이유는 신학을 보호하기 위해서다. 그러나 그렇다고해서 존재론이나 목적론이 유령론들 중에서 서열이 가장 높거나 가장 강하다는 뜻은 결코 아니다. 왜냐하면 유령론 모두 폐쇄의 이원구조 안에서 죽은 환幻을 산출하기 때문이다. 따라서 유령론들의 서열을 가릴 수 없다. 원原-유령과 유령들을 이분법으로 구분하려 했고, 유령들을 10등급으로 서열화하려 했던 마르크스의 시도가 철저하게 실패로 끝난 것(《유령 읽기》 88-89)이 이의 방증이다. 데리다는 모든 종류의 유령들이 마구 섞이고, 서로 분간이 되지 않는 사실을 '검은 칠판에 검은 그림을 그리는 것', 혹은 '밤이 오면 모든 소는 검은 소가 되는 것'에 비유했다(위의 책 57).

④ 우리는 이 해설서에서 데리다의 이중 관점을 끊임없이 지적했다. 유령에 대해서도 마찬가지다. 종말(기원)은 이원구조 안에서 맴돌기만을 하는 허구인 유령으로만 발생했지, 실지로 발생하지 않았다: '절대 타자는 이와 같이—단순성, 동일성, 유사성, 혹은 연속성을 갖추지 못한 채—이것이 아닌 것 안에서 언명되었다'(69/47). '이것이 아닌 것'은 폐쇄된 이원구조 안(허구)이다.

⑤ '살 것인가, 죽을 것인가?' 두 개의 극, 정正과 반反 사이에서 고뇌하는 햄릿을 데리다는 자신의 상황으로 인유한다. 데리다 역시 정과 반의 이원구조 사이에서 고뇌하며 약 90권의 저서를 통해, 폐쇄의 이원구조에서 발생하는 유령이 '서구인문학을 불모로 만드는 주범', '함정', '늪', '녹청', '사막'임을 증명했고, 자신의 전 저서 약 90여 권 매 쪽에서 다양한 해체적 글쓰기와 이중 전략으로 자신의 해체가 이원구조에 다시 함몰되지 않게 함으로써, 이원구조에 터한 모든 서구 전통 담론, 즉 일반적 통칭과 별명인 유령론을 해체했다.

⑥ '극 시작부터 죽어 되돌아오는 유령 기다리기'란 그리스 철학부터 이원구조(허구)에 기대어 현존이 드러나기를 기다렸으나, 되돌아온 것은 폐쇄의 이원구조 안, 즉 '무대 장면'(차연의 또 하나의 반복. 이 책 107)에서 생성된 죽은 유령이지만, 2,500년 동안 이원구조를 고수한 결과, 서구인문학은 유령론을 썼다는 말이다. 마르크스의 말이다: '서구인문학의 역사는 유령론의 역사'다.

한국 서구인문학계 중심에 있는 위 학자가 데리다 해체를 유령론으로 규정하는 이유를 추측하건대, 데리다가 그의 후기 저서인 《마르크스의 유령들》에서 유령을 크게 부각시켰기 때문인 것 같다. 그러나 마르크스가 쓴 《독일 이데올로기》를 데리다는 '유령들에 대한 가장 집중적 연구이자 가장 위대한 책으로 유령의 부계 논리학'(데리다의 밑줄. 《유령읽기》 76-90, 110-140, 102)이라고 높이 평가하지만, 이것이 '유령의 부계 논리학'이기 때문에 이를 해체한다. 데리다는 자신이 해체하는 모든 것과 항상 이중 관계를 갖는다는 사실도 우리는 이 해설서에서 끊임없이 지적했다. 마르크스와 데리다의 관계도 이중적이다.

서구 인문학 역사를 보면 유령의 위험성에 대해 경고한 사람들은 많다. 일찍이 네 가지 이돌라에 대해 말한 F. 베이컨과 《리바이어던》의 저자 홉스가 그러했다. 현대에 이르러 유령에 대한 우려는 더욱 깊어졌다. 헤겔 철학의 청년 좌파 슈티르너Max Stirner, 엥겔스, 포이어바흐Ludwig Feuerbach, 헤스Rudolf Hess, 그리고 특히 마르크스는 '거의 눈알이 빠지는 상황'에 이르면서까지 유령 추방에 전력 했지만, 쫓아내지 못했다(《유령읽기》 55, 118-120, 164). 입센Henrick Ibsen은 《유령》(1881)에서, 그리고 스트린베르그August Strinberg는 《유령 소나타》(1907)에서 주인공들이 죽은 유령에 의해 지배받는 암울한 상황을 그렸다. 후기의 후설 역시 유령을 쫓아내려고 전력했으나 쫓아내지 못했다(이 책 183). 데리다는 《그림엽서》(1980)에서 프로이트를, 《정신에 관하여》(1987)와 《그림 속 진리》(1978)에서는 하이데거를 유령으로 패러디 했다. 수많은 사람들이 쫓아내려고 했던 유령을 보호하기 위해 데리다가 유령론을 썼다는 것인가?

7. 데리다는 유령론의 금자탑인 후설의 현상학도 해체한다

한국 서구인문학계 중심에 있는 위 한국 학자는 소제목 〈현상학에서 유령론으로〉(〈논문〉 294)에서, 데리다 해체는 '현상학에서 유령론으로 옮겨온 것'이라 했다. 또다시 이에 대한 그 어떤 구체적 증거 제시나 논의도, 그리고 데리다로부터의 단 한 줄의 인용도 없다.

후설이 40년 동안 공들인 현상학은 유령론의 금자탑이다. '금자탑'이라는 표현에 들어 있는 페이소스와 아이러니를 후학들은 이해해주기 바란다. 데리다는 후설이 추구한 대문자의 현상학적 목소리Voix 역시 공간화와 시간화로 가능하다고 해체했다(409-410/289). 문법 체계로 가능한 소리gramophone이기 때문이다.

데리다는 서구 전통 철학은 항상 이원구조에 의지, 이를 방어하려 했고, 현대에 들어와 그리스의 로고스 철학을 이어받은 대표적 철학이 바로 후설의 현상학과 하이데거의 존재론이며, 이 두 사람은 강력한 헤겔의 그림자 하에서 헤겔의 변증법으로 서구 전통 철학의 질서를 지키려 했다고 평가했다. 후설은 그리스의 로고스(최종 목적Telos, 근원)가 감추어졌다고, 그리고 하이데거는 존재가 망각되었다고 했는데, 데리다는 이를 단지 표현(기표)의 차이라 했다(《글쓰기와 차이》 120/81).

후설은 전통에 매우 충직했고, 질문과 아포리아, 그리고 딜레마에 대한 염오를 드러내며, 다른 길을 모색하는 대신, 늘 질문을 닫아버리고 자신이 기대했던 것으로 결론을 낸 이유를 데리다는 후설의 '변증법적 태도의 결과'라 했다. 데리다는 충직이 아니라, 불충과 공격, 배신과 질문으로 후설의 현상학을 해체하겠다고 했다(위의 책 229/154). 충직하게 이원구조에 터한 서구 철학 전통을 따른 결과, 후설은 40년 동안 이원구조 안에서 고요와 평정을 유지하면서, 그의 현상학은 그 어떤 모순도 없이 무한대로 진행되는 듯했다. 그러나 루소의 《언어 기원론》처럼 중요한 대목마다 현상학은 막히게 되고, 이때마다 새로운 환원과 설명이 필요해진다. 이 결과 루소의 담론처럼, 후설의 《이념》(1913) 역시 이원구조만을 무한 양산시킨다. 후설의 현상학은 이원구조에 포박된 차이의 움직임이기 때문에, 루소가 찾고자 했던 언어의 기원을 찾지 못한 것처럼, 후설 역시 자신이 찾고자 했던 이념Idea은 영원히 연기된다. 후설 역시 루소처럼 드러내고자 했던 의미 생성의 기원과 종말을 폐쇄의 이원구조 안에서 만들기 때문이다(컬러 26).

후설의 현상학은 어느 정도로 서구 전통 철학을 답습했는가? '현상학은 의미는 하나의 불변적 관념성과 원본元本으로 언제나 의식의 현재성에 현존한다고 주장했기 때문에 신新플라톤주의'다(김형효 34). 후설의 현상학 용어는 이원구조를 차용한 스콜라 철학에서 빌려온 것이다(《철학사》 266-267). 후설이 자신의 시간론에서 사용한 용어 '파지'는 아우구스티누스에게까지 소급될 수 있다(김영민 63). 후설은 모든 의식은 반드시 무엇에 대한 의식으로 판단하기 때문에, 인식cogito과 대상cogitatum의 이원구조를 전제한다. 인식 혹은 의식의 지향적 매개를 통해 주체의식과 대상의 만남이 가능하다는 뜻이다(김영민 41-42). 후설은 《데카르트 성찰》(1929, 1950)에서 데카르트가 전제했던 순수한 자아를 인정하는 이유는 순수 자아의 작용noesis이 있어야 우리가 바라보는 대상noema의 순수성을 알 수 있다고 전제했기 때문이다. 그래서 후설의 현상학은 '신新데카르트주의'(김영민 48)다. 또한 후설은 자신의 현상학이 추구하는 아이도스Eidos가 칸트의 이념Idea과 동일함을 끊임없이 언급했다(《글쓰기와 차이》 249/167).

후설은 이원구조의 환원을 통해 도출되는 원原구조는 의미의 기원을 드러내고, 이 둘에는 '공동의 뿌리'가 있다고 믿었다. 그러나 데리다는 이러한 전제와 믿음을 '두 개의 암초'라 했다. 이 둘을 연결시키려는 후설의 시도를 이태리 시칠리 해안의 거대한 스킬라Scylla 바위로 끊임없이 거대한 소용돌이를 일으키는 카리브디스Charybdis 바다를 담아내려는 시도에 비유했다(위의 책 235/158).

이원구조에 터한 후설의 현상학은 폐쇄된 이원구조에 터한 환원이기 때문에 '현상학은 사물과 의미의 고유성을 삭제해버린 후, 결국 유령만을 생성한다.' 그래서 현상학적 구조로 환원된 심리는 더 이상 살아 있는 심리나 자아가 아니다. 프레게가 말한 대로 피없는 유령(데리다의 밑줄. 위의 책 230/155, 234/158)이다. 그래서 나쁜 무無[38]다. 데리다는 이 나쁜 무를 세 번이나 반복하며 매번 강조의 밑줄을 긋는다.

후기의 후설은 이원구조에 터한 자신의 현상학이 유령을 생산한다는 것을 알았고, 그래서 마르크스처럼 유령을 쫓아내겠다고 단단히 다짐했지만 쫓아내지 못했다(위의 책 245/164, 230/155, 193/131-132). 한국 서구인문학계 중심에 있는 위 한국학자가 데리다 해체를 '해체론'으로 규정하고, 이것이 현상학 다음에 대두된 유령론이라는 주장은 또다시 지어낸 말이다. 데리다가 자신의 저서 중 《목소리와 현상학》이 가장 마음에 든다고 말한 이유는 현상학은 후설이 40년 동안 공을 들인 유령론의 '금자탑'이기 때문에, 이를 해체한 것은 서구 전통 담론을 가장 효율적으로 동시에 가장 철저하게 해체한 것이 되기 때문이다.

《그라마톨로지》에 대한 근거 제시 없는 오독은 비단 위 한국 학자로만 국한되지 않는다. 또 다른 한국 학자 역시 아무런 증거 제시 없이 '데리다가 맹목 속에서 루소를 읽었다'고 했는데, 데리다와 루소 중, 누가 '맹목 속'에서 담론을 읽고 썼는지는 이 해설서를 충실히 읽은 독자라면 판단할 수 있을 것이다. 또 어느 한국학자 역시 여전히 아무런 증거제시 없이 자신의 논문에서 '드 만이 데리다를 때려 눕혔다'고 했는데, 이 역시 지어낸 말이다.[39] 그런가 하면, 또 어느 한국 학자는 데리다 해체를 '순수 실천 이념을 개방하는 이념'이라 했다. 그런데 '이념'이 '이념'을 어떻게 개방하는가? 물론 이 학자 역시 증거제시와 이념을 개방하는 방법과 과정에 대한 설명을 일체 하지 않았다.

---

38 이 '무'는 차연의 또 하나의 상이한 반복인 '무'와는 다르다. 이 책 95.

39 드 만과 데리다의 관계에 대해서는 《데리다와 문학》 228-252.

우리는 여기서 이런 질문을 해야 할 것이다. 왜 한국 학자들은 아무런 구제적인 증거 제시도 없이 데리다가 하지 않은 말을 했다고 하는가? 그리고 우리가 구체적으로 상론한 한국 서구인문학계 중심에 있는 위 학자는 자신의 주장을 뒷받침하기 위해, 한 쪽 가량의 데리다 말에서 인용한 단 세 문장(이 책 161과 177)조차도 자신의 주장에 반反하는가? 이유는 아주 간단하다. 잘 알려진 대로, 데리다가 해체하는 상대 텍스트 읽기와 분석이 꼼꼼하기 이를 데 없다하여 '방사선 검사'의 치밀함으로 자신의 저서 약 90권의 매 쪽마다 이원구조 안에서(38/29) 데리다가 펼치는 다양한 층위의 이중 전략 및 해체적 글쓰기—'이원구조의 폐쇄를 여는 열쇠'[40]—로 이원구조에 터한 해체론, 해체주의, 유령론 혹은 유사 초월론을 해체하기 때문에, 한국학자들의 주장을 뒷받침하거나 증거할 수 있는 데리다의 말이 일체 없기 때문이다. 데리다 해체에 대한 한국학자들의 풍성한 오독들의 또 하나의

---

40 목적이나 의도의 실현을 위해 중요한 것은 전략과 방법이다. 이 역시 상식이다. 데리다가 다양한 전략의 중요성을 그토록 강조한 것은 이 때문이다. 관념주의자들은 의도나 목적이 좋으면 그것으로 충분하다고 생각한다. 그러나 이는 '의도적 오류'(윔젯W. K. Wimsatt)다. 물론 우리말에도 관념주의를 경계하는 말이 있다: '하룻밤 사이 기와집 열 채 짓는다.' 팔만대장경은 그야말로 위대한 기록문화유산이지만, 외침을 막아내지 못했다. 그러나 이순신 장군의 거북선(기술)과 작전(전략)은 왜침을 막아냈다
데리다가 유도한 '해체적 전회'는 데리다가 주장하는 것what—이원구조의 무근거를 포함, 모두가 우리가 이미 알고 있는 상식임을 매번 '주'에서 상기시켰다—때문이 아니라, 상이한 반복과 다양한 해체적 글쓰기, 즉 방법how으로 가능했다. 방법과 기법, 그리고 전략은 승패를 좌우할 뿐만 아니라, 사람의 가슴과 혼까지 빼앗는다.
이 논지를 도드라지게 만들기 위해 분야를 조금 이동시켜보자. 성악과 1학년생이 부르는 베르디 오페라 아리아가 마리아 칼라스가 부르는 것과 동일한가? 하이 C를 그토록 우렁차게 내는 파바로티가 부르는 〈여자의 마음〉과 성악과 1학년생이 부르는 것은 동일한가? 악보와 가사가 동일하지만 말이다. 로렌스 올리비에가 연기하는 셰익스피어의 오텔로와 다른 배우들이 연기하는 오텔로는 동일한 인물인가? 그렇다면 앞으로 얼마나 많은 상이한 〈여자의 마음〉과 오텔로가 반복될 것이며, 이 수없이 상이하게 반복되는 〈여자의 마음〉과 오텔로 중에서 우리는 누구의 〈여자의 마음〉과 누구의 오텔로, 그리고 누가 부르는 베르디 아리아에게 기립박수를 보낼 것인가? 데리다가 정과 반의 이원구조에서 반을 제거하는 것이 유일한 진리로 가는 것이 아니라, 다양하고 상이한 반복을 통해 우리의 역사는 미래로 나아간다고 한 이 말 역시 우리가 이미 다 알고 있는 상식이다.

이유는 필자가 이 〈보론〉 초입에서 지적했듯이, '폐쇄'에 대한 이해가 매우 불투명하기 때문이다. 또 다른 이유는 데리다 해체는 많은 서구 학자들이 지적한 대로, 선언이나 강령 혹은 하나의 입장을 표명했기 때문이 아니라, 방식과 전략 때문에 가능했으나, 한국학자들은 이에 대해서는 전혀 관심을 갖지 않기 때문이다. 이 결과 30년 동안 데리다 해체에 대한 풍성한 오독은 피할 수 없었다.

그러나 최소한 하버마스는 데리다 해체가 그 어떤 -론, -학, -주의로도 환원되지 않게 하는, 그러나 한국 학자들은 전적으로 도외시한 것, 즉 데리다가 '해체적 전회'를 유도할 수 있었던 방법들과 전략들을 충분히 파악하고 있었다. 그래서 그는 데리다를 공격하는 자신의 논문에서 자신과 입장을 같이하는 미국과 영국의 해체주의자, 해체론자, 실용주의자, 통화발화이론가, 종교주의자, 공리주의자와 경험주의자의 말만을 끊임없이 인용할 뿐, 데리다의 말은 일체 인용하지 않았다(〈하버마스〉). 그러나 데리다를 공격하는 논문에서 데리다의 말을 일절 인용하지 않았다는 이 사실은 하버마스 자신의 논문이 반편半偏의 논문에 불과하다는 사실을 스스로 자인한 것이다.

데리다는 한국 서구인문학계 중심에 있는 한국 학자들에 의해 억울한 누명을 쓰고 30년 이상 매장되었다. 이에 한을 품은 데리다 유령이 한국 서구 인문학계 중심에 있는 한국 학자들이 거주하는 대한민국 서울특별시에 출몰할지도 모른다. 아니, 결코 출몰하지 않을 것이다. 왜냐하면 데리다는 자신의 해체를 단 한 사람만이 이해한다 해도 개의치 않을 것이라 했는데, 이 세계에는 데리다 해체를 이해한 사람들의 수가 이미 셀 수 없을 만큼 많기 때문이다.

인용문헌

김영민. 《현상학과 시간》. 서울: 까치, 1993.

김형효. 《데리다의 해체철학》. 서울: 민음사, 1996.

《그림》 Derrida, J. *La vérité en peinture*. Flammarion, Paris, 1978/*The Truth in Painting*. Tr. Bennington, Geoff. Chicago: The University of Chicago, 1987.

《글라》 Derrida, J. *Glas*. Paris: Editions Galilee, 1974/*Glas*. Tr. John Leavey Jr. et al. Nebraska: University of Nebraska, 1987.

《글쓰기와 차이》 Derrida, J. *L'écriture et la différence*. Paris: Editions du seuil, 1967/*Writing and Difference*. Tr. Alan Bass. Chicago Univ. Press, 1978. 사선(/) 앞 수는 프랑스어 판 쪽수, 사선 뒤 수는 영문판 쪽수.

《귀》 Derrida, J. *The Ear of the Other: Otobiography, Transference, Translation*. Tr. Christes V. McDonald. Schocken, 1985.

《눈》 Derrida, J. *The Eyes of the University*. Tr. Jan Plug and Others. Stanford University Press, 2004.

《데리다와 문학》 김보현. 《데리다와 문학》. 서울: 문예출판사, 2019.

〈MS〉 'Marx & Sons' in Sprinker, Michael. Ed. *Ghostly Demarcations: A Symposium on Jacques Derrida's Specters of Marx*. New York: Dover Publications, 1999.

《마르크스의 유령들》 Derrida, J. *Spectres de Marx, L'Etat de la dette, le travail du deuil, et la nouvelle Internationale*. Paris, Galilée. 1993/*Specters of Marx: The State of the Debt, the Work of Mourning, & the New International*. Trans. Peggy Kamuf. Intro. Bernard Magnus & Stephen Cullenberg. New York and London: Routledge, 1994.

《럴러》 Lawlor, Leonard. *Derrida and Husserl*. Indianapolis: Indiana University Press, 2002.

《문학행위들》 Derrida, J. *Acts of Literature*. Ed. Derek Attridge. London: Routledge, 1992.

《법》 Derrida, J. *Force de loi*. Paris: Editions Galilée, 1994.

《산포》 Derrida, J. *La dissemination*. Paris: Editions du Seuil, 1972/*Dissemination*. Tr. Barbara Johnson. Chicago: University of Chicago Press, 1980.

〈순간〉 Derrida, J. 'At This Very Moment in This Work Here I Am' in *ReReading Levinas*. Trans. Ruben Berezdivin. Ed. Robert Bernasconi and Simon Critichley. Bloomington: Indiana UP, 1991, 11-48.

〈시간〉 Derrida, J. 'The time of a Thesis: Punctuations' in *Philosophy in France Today*. Cambridge: Cambridge University Press, 1983.

《여백들》 Derrida, J. *Marges de la philosophie*. Paris: Minuit, 1982/*Margins of Philosophy*. Tr. Alan Bass. University of Chicago Press, 1980.

《인문학 비평》 Macksey, Richard and Donato, Eugenio. Ed. *Language of Criticism and the Sciences of Man: The Structuralist Controversy*. Baltimore: Johns Hopkins Press, 1970.

《입문》 김보현. 《데리다 입문》. 서울: 문예출판사, 2011.

《입장들》 Derrida, Jacques. *Positions*: Entretiens avec Henri Ronge, Julia Kristeva, Jena-Louis Houdebine, Guy Scaroetta. Paris,

Minuit, 1975/*Positions*. Tr. Alan Bass. Chicago, University of Chicago Press, 1982.

《엽서》 Derrida, J. *La Carte postale: de Socartes à Freud et au-delà*. Paris: Flammarion, 1980/*The Postcard: From Socrates to Freud and Beyond*. Trans. Alan Bass. Chicago: University of Chicago Press, 1987.

《유령 읽기》 김보현. 《데리다의 '마르크스의 유령들' 읽기》 서울: 세창 미디어, 2019.

《율리시즈》 Joyce, James. *Ulysses*. New York: The Gable Editions, 1986.

장기홍. 《정보화시대의 바벨탑》. 서울: 우성문화사, 1991.

《정신》 Derrida, J. *Of Spirit :Heidegger and the Question*. Tr. Geoffrey Bennington and Richard Bowby. University of Chicago Press, 1989.

《정신분석해체》 김보현. 《데리다의 정신분석학 해체—프로이트와 라캉을 중심으로》. 부산: 부산대학출판부, 2000.

《철학사》 Scruton, Roger. *A Short History of Modern Philosophy*. Routledge: New York, 2002.

《철학사 1》 Magee, Bryan. *Histoire illustrée de la philsophie*. Tr. Christian Molinier et al. Paris: Le Pre aux clerics, 1998.

《초상》 Joyce, James. *A Portrait of the Artist as a Young Man*. The Viking Press, New York: Penguin Books, 1964.

〈코라〉 Derrida, Jacques. 'Khora' in *On the Name*. Standford: Standford University Press, 1995.

《타자들》 Miller, J. Hillis *Others*. Princeton and Oxford: Princeton University Press, 1999.

《파라》 Carroll, David. *Paraesthetics*. Methuen: New York & London, 1987.

《포엥》 Derrida, Jacques. *Points … Interviews 1974-1994*. Ed. Elizabeth Weber, trans. Peggy Kamuf et al. Stanford: Stanford University

Press, 1995.

《프시케》 Derrida, Jacques. *Psyché: Invention de l'autre*. Paris: Editions Galilée, 1987.

〈하버마스〉 Habermas, J. 'Excursus on Levelling the Genre Distinction Between Philosophy and Literature in Jacques Derrida' in *Critical Assessments of Leading Philosophers*, ed. Zeynep Dirkby and Leonard Lawlor. Vol I. London: Routledge, 2002, 121-141.

《할례》 Bennington, G. and Derrida, J. *Circonfessions: Fifty-Nine Periods and Periphrases. In Geoffrey Bennington and Jacques Derrida, Jacques Derrida*. Chicago and London: The University of Chicago Press, 1993.

《합자회사》 Derrida, J. *Limited Inc*. Tran. Elizabeth Weber. Paris: Gailée, 1990.

《해체》 김보현. 《해체》. 편역 및 해설. 서울: 문예출판사, 1998.

《현상학》 Derrida, J. *Speech and Phenomena*. Tr. G. Bennington and I. Macleod. Chicago: University of Chicago Press, 1987.

데리다의 《그라마톨-로지에 관하여》 해설

초판 1쇄 발행 2023년 7월 25일

지은이 김보현

디자인 배영미, 박지현

펴낸이 차정인
펴낸곳 부산대학교출판문화원
등록 제1983-000001호 1983. 11. 10.
주소 부산광역시 금정구 부산대학로63번길 2
전화 (051) 510 - 1932 ~ 3
전송 (051) 512 - 7812
E-mail pnupress@pusan.ac.kr
홈페이지 http://press.pusan.ac.kr

* 잘못된 책은 구입한 서점에서 교환해 드립니다.

정가 26,000원

ISBN 978-89-7316-777-7 93840